CONTEÚDO DIGITAL PARA ALUNOS

Cadastre-se e transforme seus estudos em uma experiência única de aprendizado:

1 Entre na página de cadastro:
https://sistemas.editoradobrasil.com.br/cadastro

2 Além dos seus dados pessoais e dos dados de sua escola, adicione ao cadastro o código do aluno, que garantirá a exclusividade do seu ingresso à plataforma.

2907654A8013682

3 Depois, acesse: **https://leb.editoradobrasil.com.br/** e navegue pelos conteúdos digitais de sua coleção **:D**

Lembre-se de que esse código, pessoal e intransferível, é valido por um ano. Guarde-o com cuidado, pois é a única maneira de você acessar os conteúdos da plataforma.

CB037233

Editora
do Brasil

COLEÇÃO AKPALÔ

AKPALÔ
CIÊNCIAS

Denise Bigaiski
- ▶ Licenciada em Ciências Biológicas pela Universidade Federal do Paraná (UFPR)
- ▶ Pós-graduada em Magistério Superior
- ▶ Professora do Ensino Fundamental

Lilian Sourient
- ▶ Licenciada em Ciências Sociais pela Universidade Federal do Paraná (UFPR)
- ▶ Professora do Ensino Fundamental

4.º ANO

Ensino Fundamental Anos Iniciais

CIÊNCIAS

AKPALÔ

Palavra de origem africana que significa "contador de histórias, aquele que guarda e transmite a memória do seu povo".

São Paulo, 2019
4ª edição

Editora do Brasil

Dados Internacionais de Catalogação na Publicação (CIP)
(Câmara Brasileira do Livro, SP, Brasil)

Bigaiski, Denise
    Akpalô ciências 4º ano / Denise Bigaiski, Lilian Sourient. – 4. ed. – São Paulo: Editora do Brasil, 2019. – (Coleção akpalô)

    ISBN 978-85-10-07393-6 (aluno)
    ISBN 978-85-10-07394-3 (professor)

    1. Ciências (Ensino fundamental) I. Sourient, Lilian. II. Título. III. Série.

19-26499   CDD-372.35

Índices para catálogo sistemático:
1. Ciências : Ensino fundamental 372.35
Maria Alice Ferreira - Bibliotecária - CRB-8/7964

ASSOCIAÇÃO BRASILEIRA DOS DIREITOS REPROGRÁFICOS

Respeite o direito autoral

4ª edição / 3ª impressão, 2025
Impresso na Ricargraf

Editora do Brasil

Avenida das Nações Unidas, 12901
Torre Oeste, 20º andar
São Paulo, SP – CEP: 04578-910
Fone: +55 11 3226-0211
www.editoradobrasil.com.br

© Editora do Brasil S.A., 2019
Todos os direitos reservados

Direção-geral: Vicente Tortamano Avanso

Direção editorial: Felipe Ramos Poletti
Gerência editorial: Erika Caldin
Supervisão de arte e editoração: Cida Alves
Supervisão de revisão: Dora Helena Feres
Supervisão de iconografia: Léo Burgos
Supervisão de digital: Ethel Shuña Queiroz
Supervisão de controle de processos editoriais: Marta Dias Portero
Supervisão de direitos autorais: Marilisa Bertolone Mendes

Supervisão editorial: Angela Sillos
Coordenação pedagógica: Josiane Sanson
Edição: Ana Caroline Rodrigues de M. Santos
Assistência editorial: Camila Marques e Rafael Bernardes Vieira
Auxílio editorial: Luana Agostini
Copidesque: Giselia Costa, Ricardo Liberal e Sylmara Beletti
Revisão: Alexandra Resende, Andréia Andrade, Elaine Cristina da Silva e Martin Gonçalves
Pesquisa iconográfica: Daniel Andrade, Marcia Sato e Tamiris Marcelino
Assistência de arte: Josiane Batista e Letícia Santos
Design gráfico: Estúdio Sintonia e Patrícia Lino
Capa: Megalo Design
Imagens de capa: katykin/Shutterstock.com, loco75/iStockphoto.com e Monkey Business Images/Shutters
Ilustrações: Christiane S. Messias, Condutta, Conexão, DAE (Departamento de Arte e Editoração), Daniel das Neves, Dawidson França, Eduardo Belmiro, Fabiana Salomão (aberturas de unidades), Flip Estúdio, Henrique Machado, Ilustra Cartoon, João P. Mazzoco, Karina Faria, Lápis Mágico, Lucas Busatto, Luís Moura, Luiz Lentini, Marcos de Mello, Mauro Salgado, Michel Borges, Paulo César Pereira, Rafael Herrera, Reinaldo Rosa, Reinaldo Vignati, Robson Olivieri Silva, Studio Caparroz e Vagner Coelho
Coordenação de editoração eletrônica: Abdonildo José de Lima Santos
Editoração eletrônica: Adriana Tami
Licenciamentos de textos: Cinthya Utiyama, Jennifer Xavier, Paula Harue Tozaki e Renata Garbellini
Controle de processos editoriais: Bruna Alves, Carlos Nunes, Rafael Machado e Stephanie Paparella

Querido aluno,

Este livro foi pensado e elaborado para você, que sente prazer em conhecer cada vez mais o mundo em que vivemos.

Ao utilizá-lo, com a orientação do professor, você aprenderá muitas coisas sobre como contamos a passagem do tempo e nos orientamos no espaço e sobre movimentos cíclicos da Lua e da Terra, nosso planeta.

Para saber como ocorre o fluxo de energia e o ciclo da matéria nos ecossistemas, você estudará os seres vivos e as relações que ocorrem entre eles e o ambiente em que vivem.

Você verificará que muitos microrganismos são essenciais para o processo de decomposição da matéria orgânica e para a fabricação de muitos produtos, como alimentos, vacinas, medicamentos e combustíveis. Por outro lado, alguns deles são causadores de doenças, por isso você estudará algumas medidas para preveni-las.

Além disso, conhecerá melhor os materiais, seus estados físicos e algumas de suas transformações.

Para que tudo isso aconteça e contribua para sua aprendizagem: esteja atento ao que o professor e os colegas dizem, faça as atividades, questione e seja crítico. E não deixe de participar dos trabalhos em equipe e de discutir as ideias propostas respeitando a opinião de todos.

Sua atuação pode fazer a diferença para tornar o mundo melhor e mais justo!

Aproveite bem este ano!

As autoras

Marcos de Mello

Sumário

MSSA/Shutterstock.com

Terra: movimentos, orientação e localização

Fabiana Salomão

- A imagem mostra dois ambientes lado a lado. Observe-os e identifique algumas diferenças entre eles.
- Que astros você identifica na ilustração?
- Qual é a relação existente entre o calendário que usamos e os astros desta imagem?

Os tons de cores e as proporções entre os componentes representados na imagem não são os reais.

A Terra em movimento

Produzindo sombras

> Os tons de cores e a proporção entre os tamanhos das estruturas representadas não são os reais.

Amasse algumas folhas de jornal e junte-as para fazer uma bola. Depois, com uma fita adesiva colorida, contorne a bola na direção horizontal, dividindo-a em duas partes iguais. Pinte um círculo colorido na metade inferior.

Em seguida, peça ao professor que enfie um palito de churrasco que atravesse a bola, passando aproximadamente pelo centro dela.

Segure na parte de baixo do palito e incline-o levemente para a frente, enquanto um colega ilumina a bola com uma lanterna. Observe a região que fica iluminada e a que fica na sombra.

▶ Círculo colorido pintado na metade inferior da bola.

Ilustrações: Michel Borges

Em seguida, gire o palito, observando as regiões da bola que são iluminadas.

Continue girando, mas agora caminhe ao redor do colega que está com a lanterna. Ele deve manter a lanterna acesa e apontada para a bola, acompanhando o movimento que você está fazendo.

Mantenha o palito inclinado e sempre apontado para a mesma direção.

Observe se a iluminação se alterou em cada uma das metades da bola.

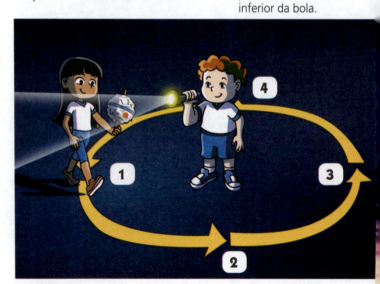

▶ Menina gira o palito e caminha em círculo no sentido anti-horário ao redor do colega.

1 Escolha uma das posições (conforme os números da figura) por onde passou e desenhe no caderno a bola representando a área iluminada e a área escurecida.

2 O que aconteceu com a iluminação e a sombra sobre o círculo colorido durante a atividade?

3 Como podemos relacionar essa atividade com os movimentos da Terra?

Os movimentos da Terra

Observe as diferentes posições da sombra nas duas imagens. Por que isso ocorreu?

▶ As duas fotografias mostram uma estátua e sua sombra em um gramado. Uma delas mostra a sombra de manhã, e a outra mostra a sombra à tarde.

Assim como as sombras mudam de posição e de comprimento durante o dia, aparentemente, o Sol também muda de posição. Você sabe qual relação existe entre a posição da sombra de um objeto e a posição do Sol no céu?

Todos os dias, parece que o Sol se movimenta. De manhã, ele surge de um lado do céu. Durante o dia sua posição vai mudando até que, no final do dia, ele desaparece no lado oposto ao que surgiu pela manhã.

Temos a impressão de que o Sol movimenta-se ao nosso redor, no entanto, o que se movimenta é nosso planeta, conosco em sua superfície.

Essa mesma impressão ocorre quando estamos em um ônibus ou carro: parece que a paisagem lateral está movimentando-se e o carro está parado, mas na realidade ocorre o contrário, o carro está em movimento e a paisagem lateral está parada.

As proporções entre as estruturas representadas não são as reais.

▶ Esquema que mostra o Sol em três posições de seu caminho aparente no céu. No nascente, que fica no lado do leste; em posição alta no céu, aproximadamente ao meio-dia; e no poente, que fica no lado oeste.

A Terra está sempre se movimentando no espaço. Os dois principais movimentos que ela faz são **rotação** e **translação**.

Movimento de rotação da Terra

Rotação é o movimento que a Terra faz girando em torno de um eixo central imaginário, como o brinquedo *spinner*. Ela demora aproximadamente 24 horas para completar esse movimento, é a duração de um dia. Durante a rotação, um dos lados do planeta fica voltado para o Sol e recebe, assim, luz solar; enquanto isso, o outro lado fica na escuridão. No lado virado para o Sol é dia; no lado oposto é noite.

▶ O brinquedo *spinner*, ao ser impulsionado, gira ao redor do eixo central, em um movimento de rotação parecido com o da Terra.

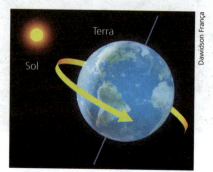

▶ Representação do movimento de rotação da Terra.

Movimento de translação da Terra

Translação é o movimento que a Terra faz em torno do Sol. Ela demora aproximadamente 365 dias e 6 horas para dar uma volta completa ao redor dele, o que corresponde ao período aproximado de um ano. O eixo de rotação da Terra é inclinado em relação ao plano do movimento de translação. Devido a essa inclinação, a incidência de luz solar em cada região da Terra muda no decorrer das diferentes épocas do ano.

As imagens desta página não estão representadas na mesma proporção. Os tons de cores utilizados não são os reais.

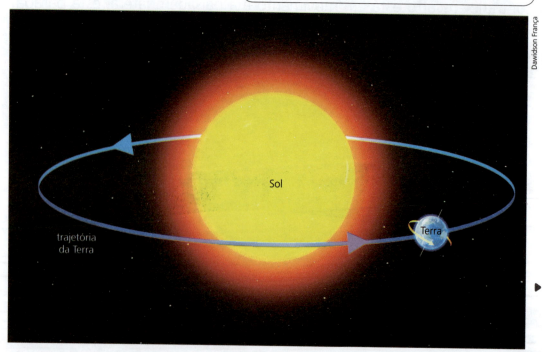

▶ Representação do movimento de translação da Terra ao redor do Sol.

Atividades

1 Responda às questões a seguir.

a) Os dois principais movimentos da Terra são o de rotação e o de translação. Qual é a diferença entre eles?

_____

_____

_____

b) Quantos movimentos completos de translação a Terra faz em cinco anos?

_____

c) Quantos movimentos completos de rotação a Terra faz em sete dias?

_____

d) E quantos movimentos de rotação e de translação a Terra executa em um ano?

_____

2 Sabemos que o movimento de translação da Terra dura 365 dias e 6 horas. Isso significa que "sobram" 6 horas a cada ano, pois no calendário são considerados apenas 365 dias. Como "sobram" 6 horas a cada ano, no fim de 4 anos essas 6 horas, somadas, resultam em 24 horas, portanto, 1 dia. É por isso que, a cada 4 anos, o mês de fevereiro, que normalmente tem 28 dias, ganha mais um dia: fica com 29 dias. O ano em que fevereiro tem 29 dias é chamado de "ano bissexto".

Sabendo que 2016 foi um ano bissexto, responda:

a) Qual foi o ano bissexto anterior a 2016?

_____

b) Qual será o próximo ano bissexto depois de 2016?

_____

3 Por que a sombra de um poste muda de posição ao longo do dia?

_____

_____

Orientação no espaço e os pontos cardeais

O jogo da orientação espacial

Você já ouviu alguém dando informações a um motorista sobre como chegar a certo lugar? Geralmente, essas informações são baseadas em locais de referência, como uma padaria, ou direção e sentido, por exemplo: siga em frente e vire na segunda rua à direita.

Agora, imagine que você e seus colegas são astronautas que receberam orientações para chegar a uma nave espacial. Apenas uma delas está certa. Qual de vocês conseguirá chegar ao destino desejado?

Para saber, junte-se a três colegas e sigam as instruções.

1 Sorteiem um astronauta para cada um de vocês.

2 Cada participante irá se deslocar partindo do ponto vermelho e seguindo a orientação das setas indicadas ao lado de seu astronauta.

> As imagens não estão representadas na mesma proporção.

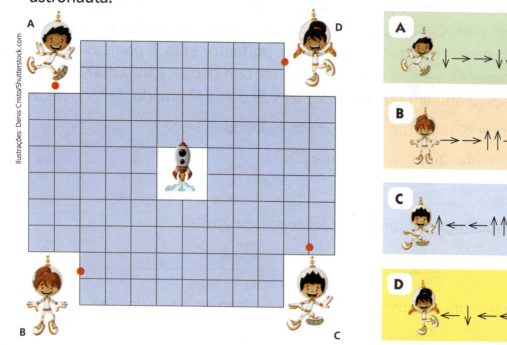

Ilustrações: Denis Cristo/Shutterstock.com

3 Como você faria para indicar a uma pessoa que estivesse saindo da escola, a direção para chegar à padaria ou ao mercado mais próximos?

Orientação pelo Sol

Usando nossa casa como ponto de referência, podemos perceber que diariamente o Sol nasce do mesmo lado e se põe do lado oposto no final do dia. Ao perceber essa regularidade, os seres humanos descobriram, com o passar do tempo, que poderiam utilizar o movimento aparente do Sol durante o dia para se orientar em suas jornadas.

Alguns estudos científicos defendem a **hipótese** de que, além dos seres humanos, alguns animais utilizam o Sol para se orientar durante os deslocamentos. Os estudiosos que apoiam essa ideia acreditam que, orientadas pelo Sol, algumas aves migratórias voam de uma região para outra, por milhares de quilômetros, em busca de locais com clima favorável e grande oferta de alimento.

▶ O gavião-tesoura utiliza o Sol como orientação em seu movimento migratório.

Em nosso cotidiano, é muito comum usarmos os pontos cardeais geográficos: **norte**, **sul**, **leste** e **oeste**. A rosa dos ventos é a imagem que aparece em mapas representando os pontos cardeais.

O nome dessa representação gráfica foi dado em razão de sua semelhança com as pétalas de uma flor. No passado a rosa dos ventos era usada para mostrar o rumo dos ventos no Mar Mediterrâneo, uma região localizada entre a Europa e a África.

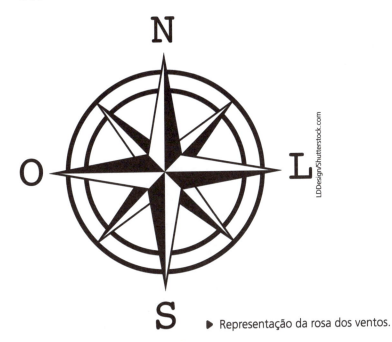

▶ Representação da rosa dos ventos.

LDDesign/Shutterstock.com

Glossário

Gnômon: objeto que auxilia a determinar as direções dos pontos cardeais.

Hipótese: resposta provisória para explicar fatos ou fenômenos naturais que deve ser testada para ser ou não confirmada.

Para encontrar os pontos cardeais mostrados na rosa dos ventos podemos nos orientar pelo Sol. Para isso é necessário montar um **gnômon** e coletar dados de sua sombra em dois horários do dia. De manhã cedo, com base na direção onde o Sol aparece, ou nascente; e à tarde, usando a direção onde ele desaparece, ou poente.

Como é possível localizar os pontos cardeais observando a sombra de uma vareta em dois horários do dia?

Material:

- vareta de madeira com cerca de 20 cm de comprimento;
- papelão grosso quadrado com cerca de 30 cm de lado (será a base);
- pedaço de barbante de cerca de 40 cm;
- cola;
- régua, caneta e lápis.

Procedimentos

1. Faça um buraco com a ponta de uma caneta em um ponto próximo ao centro do papelão.

2. Amarre uma das pontas do barbante na parte inferior da vareta.

3. Coloque a vareta no buraco e posicione-a na direção vertical. Fixe-a bem, para que ela não se incline, usando bastante cola. Espere secar e a montagem de seu gnômon estará pronta.

4. Na manhã de um dia ensolarado, aproximadamente às 10 horas, escolha um local tranquilo na sua casa que receba luz do Sol o dia todo e deixe ali seu gnômon.

5. Faça uma marca na extremidade da sombra da vareta. Depois, com a régua e o lápis, cubra com um traço a sombra formada.

6. Estenda o barbante desde a vareta até a extremidade da sombra e amarre-o no lápis.

7. Com o lápis, trace uma circunferência cujo centro seja a vareta.

8. Deixe o instrumento nesse local até o período da tarde e volte ao local para observar.

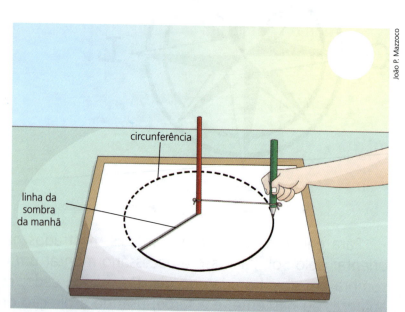

▶ Marcação da sombra do gnômon no início da manhã e traçado da circunferência.

9. Espere até a extremidade da sombra da vareta coincidir com um ponto da linha da circunferência e faça uma marca nesse ponto.

10. Cubra a sombra formada desse ponto ao centro com um traço reto.

11. Trace uma nova linha reta (indicada em azul no esquema) ligando as extremidades das duas sombras.

12. Em seguida, trace outra linha reta da vareta até a circunferência, passando pelo ponto médio da linha construída entre as extremidades das sombras (linha verde).

13. Esta última linha reta representa a direção norte-sul. A linha que une as sombras representa a direção leste-oeste.

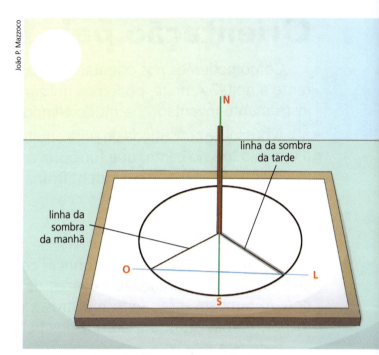

▶ Marcação da sombra do gnômon ao entardecer.

Feita a atividade, troque ideias com os colegas e responda às questões.

1 O que aconteceu com a sombra entre a primeira e a segunda anotação?

_____

2 Por que isso aconteceu?

_____

_____

3 O gnômon possibilita construir a rosa dos ventos. Explique por quê.

_____

_____

4 Discuta com os colegas a desvantagem desse tipo de instrumento para orientar um viajante em alto-mar que viaja por vários dias e noites.

_____

_____

_____

Orientação pela bússola

Como podemos nos orientar em dias nublados ou durante a noite? À noite, podemos utilizar as estrelas ou um instrumento inventado há muito tempo: a **bússola**.

A bússola é constituída de uma agulha magnética presa a um eixo fixo no centro que funciona como um ímã e gira livremente. Ela é usada para identificar a direção norte-sul.

alikemalkarasu/iStockphoto.com

▶ Bússola, equipamento de orientação.

O que são ímãs

Muitas pessoas gostam de brincar com ímãs ou de utilizá-los para prender papéis. Eles são feitos de materiais capazes de se atraírem ou de se repelirem. Além disso, podem também atrair ferro e outros metais. Há ímãs naturais, que são retirados de rochas, e ímãs artificiais, produzidos pelo ser humano em indústrias próprias.

Todo ímã tem dois polos magnéticos: o Norte (N) e o Sul (S). Veja duas de suas propriedades:

◆ Polos iguais se repelem.

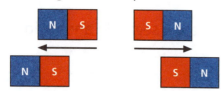

◆ Polos opostos se atraem.

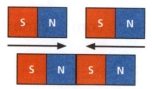

A Terra funciona como um grande ímã, portanto, ela tem polos norte e sul magnéticos que podem ser identificados com o uso da bússola. A parte vermelha da agulha da bússola, que é o Polo Norte da bússola, é atraída pelo Polo Sul magnético da Terra.

Se compararmos os polos magnéticos da Terra, indicados pela bússola, com os polos Norte e Sul geográficos, veremos que há uma inversão: o Polo Sul magnético está próximo do Polo Norte geográfico, e o Polo Norte magnético está próximo ao Polo Sul geográfico.

Assim, a extremidade vermelha da agulha da bússola que aponta para o Polo Sul magnético da Terra aponta também para a localização aproximada do Polo Norte geográfico; dizemos que a localização é aproximada porque esses polos não se localizam no mesmo ponto.

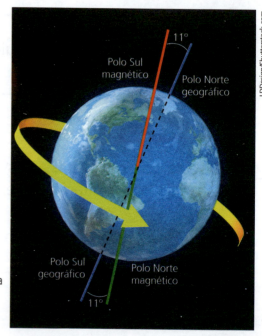

LDDesign/Shutterstock.com

▶ Representação do globo terrestre. Sobre ele está aplicada uma linha reta vermelha e verde que representa a agulha da bússola e indica os polos magnéticos. Observe a diferença de 11° entre as duas direções norte e sul. Essa diferença de 11° varia no decorrer do tempo.

Com a ajuda do professor, ou de um adulto responsável, vamos construir nossa bússola?

Material:

- uma agulha grande de costura;
- um pedaço pequeno de cortiça;
- um prato fundo;
- um pedaço de ímã;
- fita adesiva;
- 300 ml de água;
- tinta guache.

Os tons de cores e a proporção entre os tamanhos das estruturas representadas não são os reais.

▶ Materiais a serem usados para a construção da bússola.

Procedimentos

1. Peça ao professor que corte um pedaço de cortiça.
2. Pegue a agulha com muito cuidado para não se furar e esfregue nela o pedaço de ímã, num único sentido, pelo menos 20 vezes.
3. Posicione a agulha sobre o pedaço de cortiça e fixe-a com um pedaço de fita adesiva.
4. Coloque a água no prato e ponha a cortiça com a agulha sobre a água.
5. Espere até que a agulha pare de se mover, assim você terá encontrado a direção norte.
6. Agora que identificou a direção norte, retire a agulha da água e pinte de vermelho a extremidade que apontou para o norte.
7. Coloque a agulha na água novamente.

Após a montagem da bússola, troque ideias com os colegas e faça o que se pede.

▶ Bússola construída.

1 Desenhe no caderno uma representação de sua sala de aula vista de cima e, com a bússola, indique os pontos cardeais.

2 Como você explica o movimento da agulha sem ter nada próximo dela?

Ilustrações: Reinaldo Vignati

Atividades

1 Explique como utilizar o movimento aparente do Sol para determinar os pontos cardeais.

_____

_____

_____

_____

2 De quantas maneiras você aprendeu a se localizar? Quais são elas?

_____

_____

3 Em sua opinião, qual é a vantagem da bússola em relação ao gnômon para se localizar?

_____

_____

4 Você sabia que até nosso corpo pode ser usado como um gnômon? Observe a imagem e, sabendo que são 7 horas da manhã, comente com os colegas o que os personagens da ilustração devem fazer para encontrar os lados do leste, do oeste, do norte e do sul.

Michel Borges

As proporções entre as estruturas representadas não são as reais.

▶ As pessoas conseguem definir os pontos cardeais mesmo sem a ajuda de instrumentos.

5 Como nos orientamos utilizando a bússola?

_____

_____

6 Qual é a importância do uso da bússola?

_____

_____

_____

7 Pinte a rosa dos ventos ao lado e faça uma pesquisa para marcar os pontos cardeais e os pontos colaterais corretamente.

8 Forme dupla com um colega e completem as frases a seguir.

a) Os pontos cardeais _____,

_____, _____ e

_____ podem ser determinados

com o uso do gnômon. Eles indicam os polos

Norte e Sul _____.

b) Os polos magnéticos Norte e Sul da Terra são a consequência de ela

funcionar como um grande _____.

c) O alinhamento da agulha da _____ ocorre porque a Terra pode ser

considerada um grande ímã. O Polo Norte da agulha da bússola é atraído

pelo Polo Sul _____ da _____.

d) No planeta _____, o Polo Norte _____ localiza-se nas pro-

ximidades do Polo Sul _____.

LDDesign/Shutterstock.com

CAPÍTULO 3

Contar o tempo

Descobrindo datas de aniversário

Será que na sala de aula alguém faz aniversário no mesmo dia que você? Vamos descobrir?

No desenho a seguir, escreva o nome do mês em que você nasceu. Depois, verifique no calendário do ano atual em que dia da semana começou o mês em que você comemora seu nascimento e complete-o com todos os dias. Assinale o dia do seu aniversário.

Karina Faria

1 Com os dados desse calendário, construa com o professor, na lousa, um quadro com os aniversariantes de cada mês. Depois, escreva qual mês tem mais aniversariantes: _____.

2 Neste ano, você já fez aniversário ou ainda vai fazer?

3 Em que dia da semana foi ou será seu aniversário?

4 Para você é importante ter uma forma de contar o tempo? Explique sua opinião para os colegas.

Formas de contar o tempo

Ao observar o movimento aparente dos astros no céu e a sucessão de alguns eventos da natureza, como a relação do movimento do Sol com a formação das sombras, o tempo de escoamento de uma porção de areia por um orifício e o tempo do movimento de ida e volta de um pêndulo, as pessoas criaram instrumentos para contar a passagem do tempo. Veja abaixo alguns exemplos desses instrumentos.

▶ O relógio de sol marca as horas; no entanto, essa hora não é exatamente igual à hora do relógio de pêndulo.

▶ A ampulheta marca o tempo de escoamento de uma porção de areia.

▶ O relógio de pêndulo, assim como o digital, marca horas, minutos e segundos.

Um dia de nosso calendário corresponde às 24 horas aproximadas que leva o movimento de **rotação** da Terra. Cada hora é dividida em 60 minutos, e cada minuto em 60 segundos.

Ao observar a Lua no céu, as pessoas perceberam que seu aspecto ou fase muda com o passar do tempo. As quatro fases principais são: lua cheia, quarto minguante, lua nova e quarto crescente. Um ciclo completo das sucessivas fases leva aproximadamente 30 dias, que é o período equivalente ao mês do calendário que usamos.

Observou-se, também, que em certas zonas da Terra, em determinados períodos do ano, os dias são mais frios, e em outros períodos são mais quentes. Essas mudanças ocorrem devido à inclinação do eixo de rotação da Terra em relação ao plano de seu movimento de translação ao redor do Sol: em deter-

▶ Lua cheia.　　　▶ Quarto minguante.　　　▶ Quarto crescente.

* Não há imagem da fase lua nova porque nela a lua está entre o Sol e a Terra; portanto, invisível para nós. Seu lado virado para o Sol está iluminado e o lado oposto, voltado para a Terra, está escuro. Nessa fase, a Lua está presente no céu somente durante o dia.

minados períodos, uma região do planeta recebe os raios do Sol com mais incidência do que em outros. E isso se repete ao longo do tempo.

Assim, os seres humanos identificaram o período de um ano e criaram o calendário anual, que se baseia no movimento de **translação** da Terra.

Desenvolvimento dos calendários

Como seria viver sem marcar o tempo?

Registros feitos por povos antigos mostram que a preocupação do ser humano em marcar o tempo é muito antiga. Geralmente, essas marcações foram feitas, no decorrer da história, com base em fenômenos naturais que se repetem em intervalos de tempos iguais e de forma cíclica, ou seja, eventos sucessivos.

Entre eles são comuns os relacionados a movimentos de astros no céu – como os ciclos da Terra em torno do Sol ou da Lua ao redor da Terra – e aqueles relacionados a mudanças cíclicas no ambiente decorrentes desses movimentos. Há mais de 5 mil anos, por exemplo, os antigos egípcios observaram que as cheias do Rio Nilo, que atravessava a região em que eles moravam e ajudava a fertilizar o solo para a agricultura, iniciavam em períodos aproximados de 360 dias. Com base nisso, esse povo criou um calendário anual.

Calendário é um conjunto de unidades de tempo que servem para medir os diversos períodos, como dia, mês e ano. Cada cultura utiliza determinado calendário, geralmente elaborado de acordo com suas tradições e observações da natureza.

Calendário gregoriano

O calendário utilizado no Brasil é o **gregoriano**, que é o padrão utilizado no mundo inteiro para facilitar a interação entre os povos, mas isso não impede que cada cultura continue a adotar também o próprio calendário.

O calendário gregoriano marca a passagem dos dias, das semanas e dos meses de um ano. Ele é dividido em 12 meses e foi desenvolvido com base no tempo que a Terra demora para dar uma volta em torno do Sol, portanto é um **calendário solar**. No entanto, a cada volta que a Terra dá ao redor do Sol "sobram" 6 horas. Dessa forma, somando essas horas, temos a cada 4 anos 24 horas "sobrando", ou seja, um dia, que é acrescentado ao mês de fevereiro, no chamado ano bissexto.

DEZEMBRO 2019

DOM	SEG	TER	QUA	QUI	SEX	SÁB
1	2	3	4	5	6	7
8	9	10	11	12	13	14
15	16	17	18	19	20	21
22	23	24	25	26	27	28
29	30	31				

21: Início do Verão   25: Natal

4 ◑   12 ○   19 ◐   26 ●

▶ Nos calendários encontramos informações como os dias do ano e as fases da Lua.

123sasha/iStockphoto.com

Outros exemplos de calendário

Há o calendário islâmico, composto de 12 meses (6 de 29 dias e 6 de 30 dias), formando um ano de 354 dias. Esse calendário foi criado com base na observação do **ciclo lunar**: um mês equivale ao ciclo entre duas luas novas.

A Etiópia, um país africano, também usa outro tipo de **calendário lunar**, composto de 12 meses de 30 dias e um mês com apenas 6 dias.

Há ainda o calendário judaico, que considera os **ciclos solar** e **lunar**, e os anos variam entre 12 e 13 meses.

Calendário suyá

A contagem do tempo é uma questão cultural. Em diferentes sociedades pode haver outros tipos de calendário, como vimos, mas todos são elaborados com base na observação da natureza.

Veja, por exemplo, o calendário criado pelos indígenas da comunidade suyá, do Parque Indígena do Xingu. Eles atribuem a cada mês do ano um acontecimento importante de suas atividades, que são relacionadas com a natureza.

Por exemplo, em janeiro eles fazem a colheita do milho. O plantio da mandioca, porém, acontece em setembro.

CALENDÁRIO INDÍGENA

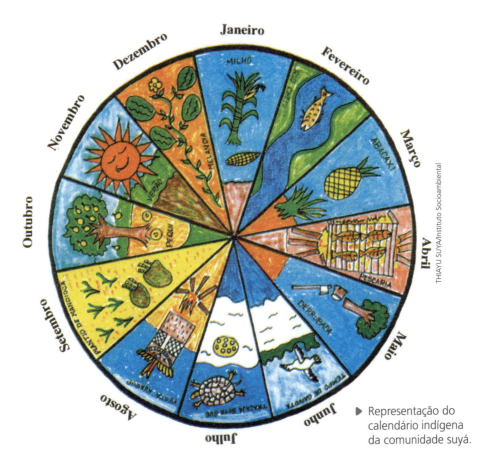

THIAYU SUYÁ/Instituto Socioambiental

▶ Representação do calendário indígena da comunidade suyá.

1 Associe os instrumentos criados para marcar a passagem do tempo à sua utilidade e ao movimento em que se baseiam.

a)

Mingirov Yuriy/Shutterstock.com

□ Marca o período de um ano.

□ Duas voltas completas do ponteiro menor marcam o período de um dia.

□ Está associado com o movimento de translação da Terra.

□ Usado para saber quantos minutos faltam para o início das aulas.

b)

ryan7/Shutterstock.com

2019

1. JANEIRO

D	S	T	Q	Q	S	S
		1	2	3	4	5
6	7	8	9	10	11	12
13	14	15	16	17	18	19
20	21	22	23	24	25	26
27	28	29	30	31		

2. FEVEREIRO

D	S	T	Q	Q	S	S
					1	2
3	4	5	6	7	8	9
10	11	12	13	14	15	16
17	18	19	20	21	22	23
24	25	26	27	28		

3. MARÇO

D	S	T	Q	Q	S	S
					1	2
3	4	5	6	7	8	9
10	11	12	13	14	15	16
17	18	19	20	21	22	23
24	25	26	27	28	29	30
31						

4. ABRIL

D	S	T	Q	Q	S	S
	1	2	3	4	5	6
7	8	9	10	11	12	13
14	15	16	17	18	19	20
21	22	23	24	25	26	27
28	29	30				

5. MAIO

D	S	T	Q	Q	S	S
			1	2	3	4
5	6	7	8	9	10	11
12	13	14	15	16	17	18
19	20	21	22	23	24	25
26	27	28	29	30	31	

6. JUNHO

D	S	T	Q	Q	S	S
						1
2	3	4	5	6	7	8
9	10	11	12	13	14	15
16	17	18	19	20	21	22
23	24	25	26	27	28	29
30						

7. JULHO

D	S	T	Q	Q	S	S
	1	2	3	4	5	6
7	8	9	10	11	12	13
14	15	16	17	18	19	20
21	22	23	24	25	26	27
28	29	30	31			

8. AGOSTO

D	S	T	Q	Q	S	S
				1	2	3
4	5	6	7	8	9	10
11	12	13	14	15	16	17
18	19	20	21	22	23	24
25	26	27	28	29	30	31

9. SETEMBRO

D	S	T	Q	Q	S	S
1	2	3	4	5	6	7
8	9	10	11	12	13	14
15	16	17	18	19	20	21
22	23	24	25	26	27	28
29	30					

10. OUTUBRO

D	S	T	Q	Q	S	S
		1	2	3	4	5
6	7	8	9	10	11	12
13	14	15	16	17	18	19
20	21	22	23	24	25	26
27	28	29	30	31		

11. NOVEMBRO

D	S	T	Q	Q	S	S
					1	2
3	4	5	6	7	8	9
10	11	12	13	14	15	16
17	18	19	20	21	22	23
24	25	26	27	28	29	30

12. DEZEMBRO

D	S	T	Q	Q	S	S
1	2	3	4	5	6	7
8	9	10	11	12	13	14
15	16	17	18	19	20	21
22	23	24	25	26	27	28
29	30	31				

2 Você considera importante marcar e contar o tempo? Justifique sua resposta.

_____

3 Qual é a importância de um calendário?

_____

_____

4 Além dos meses e dias da semana, que outras informações podemos obter consultando um calendário?

_____

_____

5 Seguindo o exemplo dos povos indígenas, crie um calendário próprio desenhando características naturais ou culturais que se destacam em cada mês do ano.

JANEIRO	FEVEREIRO	MARÇO	ABRIL
MAIO	JUNHO	JULHO	AGOSTO
SETEMBRO	OUTUBRO	NOVEMBRO	DEZEMBRO

6 Complete o diagrama de palavras.

1. Calendário que se baseia no ciclo do Sol.
2. Calendário da comunidade suyá, que se baseia em acontecimentos importantes relacionados à natureza.
3. Calendário que se baseia no ciclo da Lua.
4. Último mês do ano do nosso calendário.
5. Primeiro mês do ano do nosso calendário.
6. Mês mais curto do ano do nosso calendário.

Localizando a Terra no Sistema Solar

Movimentos no Sistema Solar

Que tal brincar de gira-gira? Organizem-se em grupos com nove alunos. O professor fará um desenho no chão como o da ilustração a seguir. Um dos alunos do grupo ficará no centro do desenho girando e cada um dos demais assumirá uma posição na linha indicada.

Seguindo o trajeto e a velocidade determinados pelo professor, todos deverão caminhar ao redor do colega que está no centro.

Henrique Machado

1 Que posição você ocupou na brincadeira? Circule-a na imagem.

2 Qual é a diferença entre os caminhos percorridos pelos colegas em relação à posição do colega que estava no meio?

3 O tempo para fazer a trajetória completa foi o mesmo para todos?

O Sistema Solar

As imagens desta página não estão representadas na mesma proporção. Os tons de cores utilizados não são os reais.

A ilustração a seguir é uma representação do Sistema Solar. Você vê alguma semelhança entre essa imagem e a brincadeira do gira-gira?

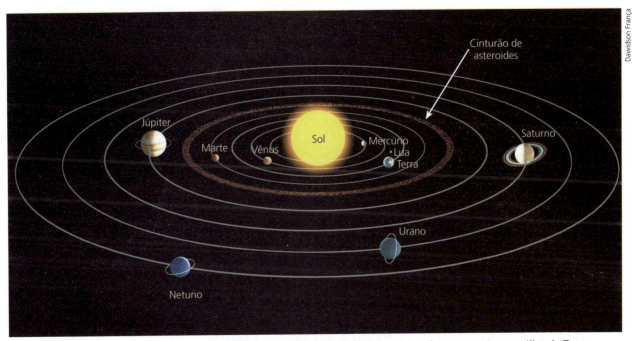

▶ Representação simplificada do Sistema Solar que apresenta a estrela Sol, os oito planetas e a Lua, satélite da Terra.

O Sistema Solar é formado por uma estrela – o Sol, os planetas que **orbitam** a seu redor, além de outros astros menores. Cada um tem características próprias, e todos giram em torno do Sol, em um movimento de translação, que você já estudou.

Os **astros** que compõem nosso Sistema Solar têm tamanhos diferentes, mas o Sol é o maior de todos. Observe na ilustração ao lado o tamanho do Sol e dos planetas proporcionalmente representados.

Glossário

Astro: corpo que existe no espaço celeste.
Orbitar: seguir uma trajetória ao redor de algo.

▶ Representação artística que possibilita comparar o tamanho do Sol com o dos planetas no Sistema Solar.

Nesta atividade, você vai construir um modelo para representar o tamanho proporcional dos planetas do Sistema Solar em relação ao Sol.

Material:

- massa de modelar de diversas cores;
- balão grande de festa;
- régua;
- 1,88 m de barbante;
- cola ou fita adesiva;
- papel para plaquinhas;
- base de papelão.

Procedimentos

1. Com a ajuda do professor, amarre as duas pontas do barbante e coloque-o ao redor do balão enquanto ele estiver enchendo, assim teremos a representação do Sol com um diâmetro aproximado de 60 cm.

2. Em grupo de até quatro colegas, faça bolinhas de várias cores com massa de modelar (elas serão os planetas); siga os tamanhos da tabela ao lado.

3. Em seguida, cole-as na ordem do planeta mais próximo do Sol para o mais distante.

4. Faça plaquinhas que identifiquem cada planeta e prenda-as na base de papelão.

TAMANHOS PROPORCIONAIS DOS DIÂMETROS EQUATORIAIS	
Astro	Diâmetro (aproximado)
Sol	600 mm
Mercúrio	2 mm
Vênus	5 mm
Terra	5 mm
Marte	3 mm
Júpiter	62 mm
Saturno	52 mm
Urano	22 mm
Netuno	21 mm

▶ Tabela com os diâmetros equatoriais proporcionais do Sol e dos planetas do Sistema Solar calculados com base nos dados disponíveis em: <http://astro.if.ufrgs.br/ssolar.htm> (acesso em: 11 abr. 2019).

Karina Faria

▶ Comparação dos tamanhos proporcionais dos planetas do Sistema Solar em relação ao Sol.

Agora faça o que se pede.

1 Compare o modelo de seu grupo com o modelo feito pelos outros grupos. Quais são os pontos em comum e os pontos diferentes?

Atividades

1 Quantas estrelas e quantos planetas existem no Sistema Solar?

_____

2 Analise novamente a ilustração da página 27 que mostra a representação simplificada dos planetas do Sistema Solar. Em seguida, encontre o nome dos planetas no diagrama e complete o texto a seguir de forma correta.

M	Q	U	J	Ú	P	I	T	E	R	A
E	R	A	D	T	Y	E	E	G	Y	S
R	U	R	A	N	O	F	R	H	U	G
C	T	P	L	E	I	N	R	B	C	J
Ú	M	A	R	T	E	H	A	I	T	K
R	S	A	T	U	R	N	O	E	U	L
I	U	N	K	N	Z	V	Ê	N	U	S
O	I	U	J	O	X	I	W	R	I	T

Esta semana eu aprendi coisas muito legais na aula de Ciências. Aprendi que

_____ é o sétimo planeta quanto à proximidade do Sol, que

_____ é o último planeta do Sistema Solar, os dois não são visíveis a olho nu. O maior dos planetas e o quinto em ordem de afastamento do

Sol é _____. Já _____, também conhecido como estrela-d'alva, é o segundo mais próximo do Sol.

Aprendi ainda que o planeta em que vivemos é a _____ e

que _____, também conhecido como Planeta Vermelho, é o quarto mais próximo do Sol. Muito interessante foi saber que o famoso planeta dos anéis, o sexto em ordem de afastamento do Sol, chama-se

_____ e o mais próximo do Sol é _____.

3 Há alguma relação entre a distância dos planetas até o Sol e o tempo que eles levam para dar uma volta completa em torno dele?

Como eu vejo

O inverno nunca falha, a solidariedade também não

As proporções entre as estruturas representadas não são as reais.

A Terra, em seu movimento de translação, completa uma volta ao redor do Sol em 365 dias (um ano) e 6 horas.

Ao longo dessa trajetória, seu eixo imaginário de rotação mantém-se inclinado em relação ao plano de sua órbita ao redor do Sol.

Por isso, as diferentes regiões do planeta recebem luz solar com mais ou menos intensidade. Em alguns períodos do ano, determinada região pode estar mais quente ou mais fria, mais seca ou mais chuvosa. Essas variações definem as **estações do ano**.

Agora, reúna-se com um colega e, juntos, observem o esquema da translação da Terra apresentado na página ao lado. Depois, providenciem um dado para disputar o **jogo de trilha**. Quem chegará primeiro ao foguete?

Para estudar a Terra, traçamos uma linha imaginária que a divide em duas metades: o Hemisfério Sul e o Hemisfério Norte. Essa linha é chamada de **Linha do Equador.**

Hemisfério Norte

LINHA DO EQUADOR

Hemisfério Sul

1 Em dezembro, a incidência de raios é maior no Hemisfério Sul, onde é verão. Avance uma casa. INÍCIO

2

3 Cláudia está planejando viajar em janeiro para Fortaleza. Retorne uma casa para ajudá-la a planejar as férias de verão.

4 Em algumas regiões do Brasil, a mudança de estação do ano é pouco perceptível. Na Região Norte, por exemplo, chove mais no verão do que no inverno, e as temperaturas nessas estações são aproximadas. Fique uma rodada sem jogar para observar as chuvas de verão.

5 Em março, a incidência dos raios solares é a mesma nos dois hemisférios. Inicia o outono no Hemisfério Sul e a primavera no Hemisfério Norte. Avance 1 casa.

6

18 FIM

17
Ana nasceu em Minas Gerais, durante a primavera. Fique duas rodadas sem jogar para observar as plantas que florescem nesse estado no período.

16

15
Em setembro, a incidência de raios solares nos dois hemisférios é igual, ocorrendo outono no Hemisfério Norte e primavera no Sul. Avance uma casa.

14

13
Marcelo vai passar as férias de julho na casa da avó, em Curitiba. Fique uma rodada sem jogar para ajudá-lo a colocar na mala as roupas adequadas para o inverno.

De 22 de março a 21 de junho, é outono no Hemisfério Sul.

De 22 de dezembro a 21 de março, é verão no Hemisfério Sul.

De 22 de junho a 21 de setembro, é inverno no Hemisfério Sul.

12

11
Em julho, Cauê foi fazer um curso na Alemanha, país localizado no Hemisfério Norte. Lá, era verão. Avance uma casa para aproveitar as altas temperaturas.

Esquema da trajetória da Terra ao redor do Sol durante um ano, que mostra nosso planeta em quatro das posições possíveis nesse período.

De 22 de setembro a 21 de dezembro, é primavera no Hemisfério Sul.

10
Na Região Sul é mais fácil perceber a mudança de estação. No verão, as temperaturas são mais altas e, no inverno, mais baixas. Fique uma rodada sem jogar para observar a neve em São Joaquim, estado de Santa Catarina.

9

8
Em junho, a incidência de raios solares é máxima no Hemisfério Norte e o verão começa. Nesse mês, inicia o inverno no Hemisfério Sul. Avance uma casa.

1. Em cidades onde faz frio durante o inverno, alunos e professores de algumas escolas organizam campanhas de doação de agasalhos para pessoas necessitadas. Qual é sua opinião sobre essa atitude?

2. Você já viu iniciativas como essa? Se viu, onde foram realizadas?

Como eu transformo

Reaproveitar e doar: ações solidárias

 Matemática Arte ABC Língua Portuguesa

O que vamos fazer?

Uma campanha de doação de calçados, roupas e outros objetos na escola.

Para que fazer?

Para desenvolver atitudes de reutilização de objetos e compartilhá-los com outras pessoas que necessitem deles.

Com quem fazer?

Com os colegas, o professor, as pessoas de sua convivência, a comunidade do entorno e as instituições de caridade.

▶ Caixa de roupas arrecadadas para doação.

Africa Studio/Shutterstock.com

Como fazer?

1. Em sua casa, verifique se você tem roupas, calçados e outros objetos guardados que não esteja mais utilizando. Converse com as pessoas responsáveis por você para saber se pode doá-los.

2. Depois, na sala de aula, em uma roda de conversa, troquem ideias sobre o que podem doar e os motivos pelos quais não utilizam mais esses objetos.

3. Elaborem um painel com dicas de como reaproveitar essas peças. Consertá-las, se for o caso, e doá-las pode ser uma boa ideia.

4. Planejem uma campanha na escola para a doação desses objetos; definam qual será a melhor época para a realização do evento e convidem outras pessoas da escola ou da comunidade do entorno para colaborar.

5. Definam um período para a coleta dos objetos e façam contato com instituições de caridade que possam destiná-los às pessoas certas.

Você acha que ações como essa devem ser multiplicadas? Por quê?

Os povos indígenas e outras formas de marcar o tempo

Leia a entrevista com Maria Cristina Troncarelli, educadora e especialista em educação escolar indígena.

Maria Cristina Troncarelli

Como é sua atuação profissional?

Trabalho como educadora na formação de professores, agentes de saúde, lideranças e agentes socioambientais indígenas que pertencem a diferentes povos que vivem em aldeias situadas em Terras Indígenas nos estados de Mato Grosso e Pará. Com esses povos, estudo e aprendo bastante.

▶ Maria Cristina trabalha há 33 anos com povos indígenas.

Como os povos indígenas controlam a passagem do tempo?

Eles utilizam diferentes formas de marcar o tempo com base na profunda observação e no convívio com a natureza. Antes do contato com as sociedades não indígenas, eles não faziam a contagem do tempo em horas, mas atualmente as utilizam também. Os períodos do dia e da noite são marcados pelas posições dos astros no céu e se baseiam nas estações de chuva ou seca. Por exemplo, o desenrolar do tempo durante o dia é marcado pela posição do Sol, e na madrugada é feito com base na posição das estrelas e da Lua. Como em nossa sociedade, muitos povos indígenas também diferenciam os períodos das quatro fases da Lua, que marcam o ciclo mensal, ou seja, uma Lua completa equivale a um mês. Os períodos do ano e da vida são marcados em ciclos, e cada povo construiu seu calendário próprio.

Qual é a importância de marcar o tempo para esses povos?

Ao observar a natureza, eles estabelecem as épocas para as realizações de suas atividades, por exemplo: o canto das cigarras e de alguns pássaros, bem como o florescimento do ipê, pode anunciar o tempo da chuva ou da seca. Nas chuvas, os rios, lagoas e córregos ficam cheios; a pesca diminui porque o volume de água aumenta e os peixes ficam escondidos no mato alagado. Por outro lado, durante esse período, há muitas frutas deliciosas para colher. Os animais alimentam-se delas e engordam, isso favorece a caça. Quando inicia o tempo da seca, as águas baixam e então é tempo de dedicar-se mais à pesca. Esse também é o período de preparar o roçado e realizar o plantio para quando chegar novamente a época das chuvas.

1 Você leu na entrevista que nem sempre é preciso ter relógio para marcar o tempo. Usando o conhecimento indígena, conte aos colegas e ao professor como você faria para marcar o tempo se fosse o sobrevivente de um naufrágio e chegasse a uma ilha deserta apenas com a roupa do corpo.

1 Leia a história e responda às questões a seguir.

a) Que movimento da Terra está representado na tirinha? _____

b) Explique esse movimento.

_____

c) Quais são as evidências desse movimento? _____

d) Qual é o nome do movimento que a Terra faz em torno do Sol?

_____

2 Você aprendeu que existem os pontos cardeais geográficos e os polos magnéticos do planeta Terra. Sobre esse assunto responda:

a) Por meio do movimento aparente do Sol podemos determinar os pontos cardeais geográficos ou os polos magnéticos?

_____

b) O que é possível determinar por meio de uma bússola?

_____

c) Considerando o planeta Terra, o Polo Norte geográfico e o Polo Norte magnético têm a mesma localização? Explique.

3 Identifique o objeto ao lado e explique sua importância.

_____

_____

_____

_____

_____

_____

4 Qual é a importância do calendário para nosso povo? Em quantos meses está dividido o calendário que utilizamos?

_____

_____

_____

_____

5 Relacione os planetas a seguir com a definição que melhor os caracterizam.

1. Terra
2. Mercúrio

3. Saturno
4. Júpiter

5. Netuno

☐ Maior planeta do Sistema Solar, tem anéis ao redor e 69 satélites naturais o orbitam.

☐ Planeta rochoso sem anéis e com apenas um satélite natural.

☐ Os anéis ao redor desse planeta são sua característica mais marcante; sua translação corresponde a 29 anos da translação da Terra.

☐ Último planeta do Sistema Solar. Tem 14 satélites naturais e seu movimento de translação é o mais longo de todos.

☐ Planeta rochoso mais próximo do Sol, faz uma volta completa ao redor dele em um período que corresponde a 88 dias na Terra.

As imagens desta página não estão representadas na mesma proporção. Os tons de cores utilizados não são os reais.

◈ Parece que o Sol se movimenta no céu, mas essa impressão é por causa de um dos movimentos da Terra, a rotação, que ela realiza girando ao redor do próprio eixo. Uma volta completa dura aproximadamente 24 horas ou um dia. Outro movimento da Terra é a translação, que ela faz ao redor do Sol, com duração aproximada de 365 dias e 6 horas, ou um ano.

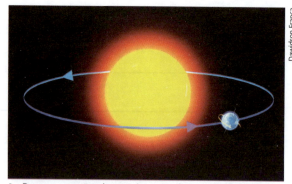

▶ Representação do movimento de translação da Terra, conforme visto na página 10.

◈ Podemos determinar os pontos cardeais utilizando o Sol como referência ou a bússola, instrumento com uma agulha magnetizada que sempre aponta para o norte.

◈ Os seres humanos criaram calendários com base nos movimentos cíclicos dos astros celestes, como o Sol e a Lua, e da Terra.

◈ O Sistema Solar é composto de uma estrela – o Sol –, oito planetas e outros astros menores. Os planetas, em ordem de afastamento do Sol, são: Mercúrio, Vênus, Terra, Marte, Júpiter, Saturno, Urano e Netuno.

As proporções entre as estruturas representadas e as cores não são as reais.

▶ Representação esquemática do Sistema Solar, como visto na página 27.

Para finalizar, responda:

▶ Quais são os dois principais movimentos da Terra?

▶ Por que os pontos cardeais e a bússola são importantes?

▶ O que são polos geográficos e polos magnéticos do planeta Terra?

▶ Todos os calendários são iguais, independentemente da cultura?

▶ Quais são os planetas do Sistema Solar?

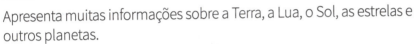

Para ir mais longe

Livros

Editora DCL

▶ **Universo: uma viagem ao espaço**, de Ana Paula Corradini. São Paulo: Editora DCL, 2006 (Coleção Tudo Sobre...). Por meio de ilustrações, o livro viaja pelo espaço e conta tudo o que acontece por lá: viagens espaciais, astronautas, tamanho do Sol, brilho das estrelas, entre outras curiosidades.

▶ **Estrelas e planetas**, de Pierre Winters. São Paulo: Brinque-Book, 2011.
Apresenta muitas informações sobre a Terra, a Lua, o Sol, as estrelas e outros planetas.

Editora Brinque-Book

Sites

▶ **Viagem pelo Sistema Solar**: <www.escolagames.com.br/jogos/sistemaSolar>.
O jogo leva você a uma viagem pelo Sistema Solar.

▶ **Tamanho de planetas e estrelas**: <www.astro.iag.usp.br/~gastao/PlanetasEstrelas/>.
Nesse *site* as imagens dão uma ideia do tamanho relativo de alguns astros do Sistema Solar e há um vídeo que mostra essa relação.

Visitação

© Fundação Planetário do Rio de Janeiro

▶ **Planetário do Rio. Rio de Janeiro, capital**.
Assista a sessões de projeção do Universo na cúpula do planetário, além de outras atividades e projetos culturais relacionados a diversas áreas da ciência.
Mais informações em: <www.planetariodorio.com.br>.

▶ **Guia de Centros e Museus de Ciências do Brasil – 2015**.
Para outros museus brasileiros, consulte: <www.casadaciencia.ufrj.br/Publicacoes/guia/Files/guiacentrosciencia2015.pdf>.

- Que seres vivos você identifica na imagem?
- Algum ser vivo presente na imagem está sendo prejudicado em sua relação com outro ser vivo?
- Você conhece outros tipos de relação entre os seres vivos? Quais?

Fabiana Salomão

Os tons de cores e a proporção entre os tamanhos dos seres vivos representados não são os reais.

Diferentes seres vivos

Origami de um animal

Origami é uma técnica japonesa em que se utiliza apenas um pedaço de papel para criar diversas figuras por meio de dobraduras. Experimente fazer o *origami* abaixo.

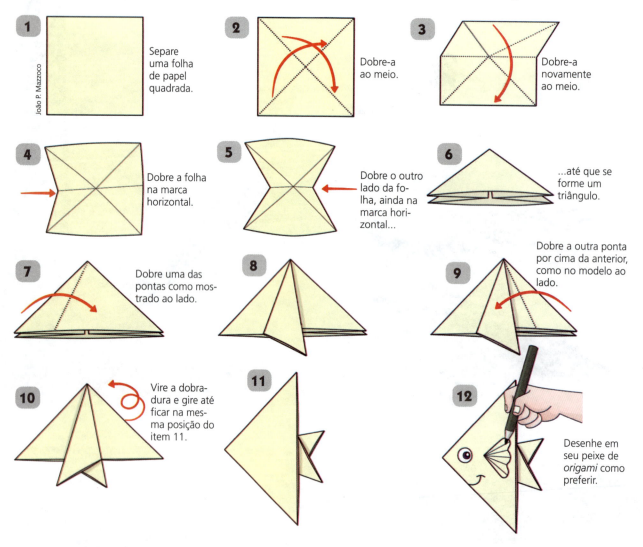

João P. Mazzoco

1 Separe uma folha de papel quadrada.

2 Dobre-a ao meio.

3 Dobre-a novamente ao meio.

4 Dobre a folha na marca horizontal.

5 Dobre o outro lado da folha, ainda na marca horizontal...

6 ...até que se forme um triângulo.

7 Dobre uma das pontas como mostrado ao lado.

8

9 Dobre a outra ponta por cima da anterior, como no modelo ao lado.

10 Vire a dobradura e gire até ficar na mesma posição do item 11.

11

12 Desenhe em seu peixe de *origami* como preferir.

1 Classifique o peixe quanto a: hábitat, revestimento do corpo e locomoção.

2 Você já ouviu falar de animais vertebrados e invertebrados? Se já ouviu, em que classificação o peixe entraria?

Os grupos de animais

O peixe, o cachorro e o gato têm uma característica em comum que os diferencia de outros animais, como a pulga e o camarão: a **coluna vertebral**, um eixo de sustentação do organismo.

As proporções entre as estruturas representadas não são as reais.

coluna vertebral

coluna vertebral

Reinaldo Vignati

▶ Esquema simplificado que mostra as colunas vertebrais de um cachorro e de um ser humano. A coluna localiza-se no interior do corpo.

A coluna vertebral é o eixo principal de um esqueleto interno. Essa estrutura é o eixo de sustentação do corpo e possibilita aos animais ter mais movimentos corporais.

Animais que têm coluna vertebral são chamados de **vertebrados** e aqueles que não têm, de **invertebrados**. Os animais invertebrados têm o corpo mole ou com uma cobertura corporal mais rígida.

Podemos agrupar os invertebrados e os vertebrados de acordo com algumas características. Vamos conhecer a seguir integrantes desses grupos.

As imagens não estão representadas na mesma proporção.

4 cm

ajt/Shutterstock.com

7 cm

Aleksey Stemmer/Shutterstock.com

▶ A lesma e a aranha são exemplos de animais invertebrados. A lesma tem o corpo mole e a aranha tem o corpo coberto por uma estrutura rígida.

Animais invertebrados

A quantidade de animais invertebrados na Terra é muito maior do que a de animais vertebrados. Mas quem são esses animais? Veja a seguir mais informações e detalhes de alguns deles.

As **esponjas** são animais invertebrados que vivem fixos no fundo do mar. Esses animais alimentam-se dos nutrientes carregados pelas correntes marinhas. Quando essas correntes atravessam o corpo das esponjas, elas retêm o alimento de que precisam para sobreviver.

As **anêmonas** têm tentáculos em torno da boca, e a maioria delas vive fixa no fundo do mar.

Diferentemente das esponjas e das anêmonas, as **águas-vivas** flutuam na água. Elas também têm tentáculos em torno da boca.

Os **corais** podem ser parecidos com as anêmonas, mas produzem uma estrutura de proteção externa e podem formar grandes agrupamentos, chamados de recifes de corais. Os recifes são muito importantes, pois vários outros animais dependem deles para obter abrigo, alimento e um local seguro para a reprodução.

As imagens não estão representadas na mesma proporção.

15 cm

▶ Anêmona fixa no fundo do mar.

25 cm

▶ A lombriga é um animal parasita. Ela se aloja no corpo de outros seres vivos.

Os **vermes** são animais, como a lombriga e a minhoca, cujo corpo geralmente é mole, comprido e fino. A lombriga, por exemplo, de corpo alongado e roliço, pode se alojar no organismo do ser humano e deixá-lo doente.

Glossário

Tentáculo: estrutura longa e móvel de alguns animais, que pode ser usada na locomoção, na captura de alimentos e na defesa do próprio animal.

A minhoca é um verme de corpo cilíndrico e todo dividido em anéis. Ao cavar túneis no solo, facilita a circulação da água e do ar. Além disso, suas fezes enriquecem o solo com nutrientes e o tornam mais fofo e fértil.

Os **moluscos** são animais de corpo mole não segmentado. Alguns deles, como os mariscos, mexilhões, caramujos e caracóis, têm uma concha que protege o corpo; outros, como as lesmas, não têm conchas.

8 cm

▶ As minhocas são importantes para a fertilidade do solo.

As imagens não estão representadas na mesma proporção.

Os **artrópodes** têm pernas articuladas. Podem apresentar antenas e asas, vivem em diversos ambientes e têm um esqueleto externo que envolve e protege o corpo. Fazem parte do grupo dos artrópodes animais como insetos (moscas, gafanhotos, pulgas), aracnídeos (aranha, escorpião, carrapato), crustáceos (camarão, siri, lagosta) e aqueles caracterizados pelo grande número de pernas, como a centopeia e o piolho-de-cobra.

1,5 cm

4 cm

▶ Alguns insetos ajudam na reprodução das plantas, como a abelha e a borboleta.

No mar vivem outros invertebrados que chamam a atenção pela beleza de suas formas e cores. O corpo de alguns deles é cheio de espinhos, como é o caso da estrela-do-mar e do ouriço-do-mar.

10 cm

Glossário

Articulado: que apresenta uma ou mais articulações que lhe proporcionam mobilidade.

Segmentado: dividido em segmentos, partes.

▶ As estrelas-do-mar são invertebrados que caçam outros invertebrados para se alimentar.

Animais vertebrados

Os animais vertebrados podem ser divididos em cinco grupos: peixes, anfíbios, répteis, aves e mamíferos.

Os **peixes** geralmente têm o corpo coberto por escamas e nadam por meio de nadadeiras. Vivem nos oceanos, mares, rios e lagos e alimentam-se de plantas e outros animais. Também servem de comida para diversos animais, incluindo o ser humano.

20 cm

John Cuyos/Shutterstock.com

As imagens não estão representadas na mesma proporção.

▶ Além de peixes, como o lambari e a sardinha (fotografia), nesse grupo incluem-se as raias, os tubarões e os cavalos-marinhos, entre outros.

Os **anfíbios** têm pele úmida e sem escamas. Uma característica desses animais é que a maioria passa uma parte da vida na água e outra na terra úmida. Os adultos são todos carnívoros e muitos contribuem para o controle da quantidade de insetos no ambiente. Eles também servem de alimento para outros seres vivos, como as serpentes. São exemplos de anfíbios os sapos, as rãs, pererecas, salamandras e cobras-cegas.

4 cm

Mgkuijpers/Dreamstime.com

▶ Esse sapo é conhecido por sua pele azulada, na qual é produzido veneno, assim como em outros anfíbios.

Os **répteis** têm a pele seca e revestida de placas duras ou escamas. A maioria tem quatro pernas. Alguns vivem grande parte da vida na água, como a tartaruga, outros na terra, como as serpentes e os lagartos, e há aqueles, ainda, em ambos os ambientes, como os jacarés e os cágados. Eles podem se alimentar de vegetais e animais. Também são fonte de alimento para outros animais.

cinoby/iStockphoto.com

As imagens não estão representadas na mesma proporção.

▶ As tartarugas marinhas colocam seus ovos na areia da praia, mas passam a maior parte da vida no mar.

wwing/iStockphoto.com

As **aves** podem ser encontradas em diversos ambientes. Suas asas e seu corpo são cobertos de penas. São grandes aliadas das plantas, pois, ao buscar alimento em árvores e arbustos, podem colaborar com a polinização ou, ainda, espalhar as sementes. Também contribuem para o equilíbrio ambiental, pois se alimentam de insetos e pequenos animais.

▶ A maioria das aves constrói ninhos, nos quais os ovos são chocados, ou seja, aquecidos com o corpo de um dos "pais". Os filhotes recebem os cuidados das aves adultas.

Mjudy/iStockphoto.com

A maioria dos **mamíferos** têm o corpo coberto de pelos. A maior parte deles é terrestre, mas também existem os aquáticos. São exemplos de mamíferos o cão, o elefante, a baleia, o golfinho e o ser humano.

▶ Os mamíferos são animais que produzem leite para seus filhotes.

1 Nomeie a estrutura indicada pela seta, explique sua função e como podemos classificar os animais com relação à presença dessa estrutura.

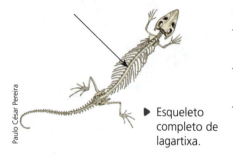

Paulo César Pereira

▶ Esqueleto completo de lagartixa.

_____

_____

_____

2 Você conhece o desenho *Bob Esponja*? Observe a imagem e responda às questões propostas.

a) Que animal cada um deles representa?

_____

_____

b) Bob Esponja e seus amigos são vertebrados ou invertebrados? Por quê?

_____

Nickelodeon/fp Archive/Glow Images

3 Leia a tira da Galera da Praia, do Projeto Tamar, e responda às questões.

VOCÊ SABIA? Filhotes de tartaruga marinha se desorientam com a iluminação artificial e podem morrer durante a busca pelo mar. CONHEÇA ESSA GALERA – WWW.TAMAR.ORG.BR

Banco de Imagens/Projeto Tamar

a) A tira mostra que as pessoas confundem répteis e anfíbios. Cite duas características e explique por que os répteis são diferentes dos anfíbios.

b) A tira cita também o efeito das luzes artificiais nas tartarugas. Pesquise o assunto e registre em uma folha à parte as consequências desse fato para a reprodução desses animais, bem como o que as pessoas podem fazer para evitá-las.

Os grupos de plantas

Assim como os animais, as plantas também podem ser separadas em grupos. Vamos conhecer as características de alguns de seus integrantes.

◆ **Musgos:** são plantas simples e pequenas, que se desenvolvem em ambientes úmidos, seja no solo, nos troncos das árvores, em paredes ou rochas, e dão a impressão de formar tapetes esverdeados. Costumam ser encontrados em locais úmidos e frios, sendo importantes na alimentação de animais que vivem em ambientes com essas condições.

▶ Musgos sobre rocha.

▶ Samambaia.

◆ **Samambaias:** são plantas sem flores, frutos e sementes que apresentam raiz, caule e folhas. Comuns em florestas, são também encontradas em outros ambientes.

◆ **Pinheiros:** são plantas que podem atingir grandes alturas, pois apresentam o tronco grosso. Têm raiz, caule e folhas, e as sementes, que estão inseridas nas pinhas, fazem parte da alimentação de animais.

▶ A araucária é um pinheiro brasileiro.

◆ **Plantas com flores e frutos:** a laranjeira é um exemplo, pois apresenta raiz, caule, folhas e, na fase reprodutiva, flores e frutos, e a maioria tem sementes. Muitos insetos, como a abelha, retiram seu alimento da flor, e vários outros animais, incluindo o ser humano, utilizam seu fruto na alimentação.

As imagens não estão representadas na mesma proporção.

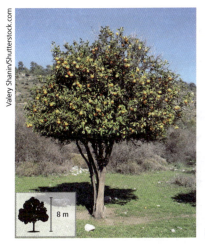
▶ Laranjeira com frutos.

Outros seres vivos

Além das plantas e dos animais, existem outros tipos de ser vivo, muitos não visíveis a olho nu. Conheça alguns deles.

Scimat/Science Source/Photo Researchers/Fotoarena

- **Bactérias:** seres vivos que só podem ser vistos com um microscópio. São encontrados em todos os ambientes. Podem se alimentar de restos de seres mortos e alguns causam doenças.

▶ Dois tipos de bactérias que se alimentam de restos de seres mortos. Ampliação de 3 mil vezes, obtida em microscópio eletrônico e colorida artificialmente.

As imagens não estão representadas na mesma proporção.

- **Algas:** assim como as plantas, as algas são capazes de produzir o próprio alimento pela fotossíntese e, em geral, vivem na água. Existem algas que não conseguimos enxergar a olho nu e outras que chegam a atingir muitos metros de comprimento. São bastante comuns nos oceanos e servem de alimento para diversos animais, incluindo o ser humano.

Fabio Colombini

20 cm

▶ Algas que vivem no mar.

Andre Seale/Pulsar Imagens

40 cm

▶ Algas que vivem em ambiente de água doce.

Andrew Syred/Science Photo Library/ SPL DC/Latinstock

- **Protozoários:** seres vivos que só podem ser vistos com um microscópio. Alimentam-se de bactérias ou outros protozoários e alguns podem causar doenças, como a malária e a doença de Chagas.

▶ Protozoário que vive em ambiente de água doce, com ampliação de 260 vezes, obtida em microscópio eletrônico e colorida artificialmente.

- **Fungos:** são os cogumelos, como o *champignon*, e seres vivos muito pequenos, como a levedura do pão. Alimentam-se de restos de seres mortos e servem de alimento para muitos animais, inclusive o ser humano. Alguns também podem causar doenças, como as micoses.

Danilo Mochiute/Shutterstock.com

10 cm

▶ O cogumelo cresce no solo ou em troncos de árvores mortas.

Fabio Colombini

5 cm

▶ Assim como o cogumelo, a orelha-de-pau também é um tipo de fungo.

1 Observe a fotografia de um tomateiro.

a) Que partes da planta você consegue enxergar na imagem? Qual parte, por estar dentro do solo, não está visível?

_____

_____

1,20 m

▶ Tomateiro com frutos, os tomates.

b) A planta tem flores e frutos? Como podemos confirmar essa informação?

c) Qual planta é semelhante ao tomateiro: o musgo, a samambaia, o pinheiro ou a laranjeira? Por quê?

2 Encontre no diagrama de palavras o nome dos seres vivos descritos a seguir.

1. Podem realizar a fotossíntese e a maioria é aquática.

2. São vistas somente com o auxílio de um microscópio. Podem causar doenças e alimentar-se de restos de seres mortos.

A	B	A	C	T	É	R	I	A	S	O	I
H	I	F	A	E	T	O	F	L	U	P	N
E	N	T	I	F	P	D	V	G	V	É	I
N	F	U	N	G	O	S	O	A	F	B	U
O	B	Á	N	U	B	E	C	S	I	A	T
P	R	O	T	O	Z	O	Á	R	I	O	S

3. Só são visíveis ao microscópio óptico, podem alimentar-se de outros seres vivos muito pequenos e causar doenças, como a malária e a doença de Chagas.

4. Podem ser vistos a olho nu, ou alguns com o auxílio do microscópio, alimentar-se de restos de seres mortos e causar doenças, como as micoses.

3 Muitos cogumelos podem ser utilizados na alimentação humana. Seu formato, tamanho, cor e textura variam e eles podem ser cultivados. Explique qual é a importância dos fungos para a natureza e para as pessoas.

4 Acompanhado do professor ou de outra pessoa de seu convívio, faça uma visita a um mercado ou feira. Procure os diferentes tipos de cogumelo disponíveis, anote como foram encontrados (seco, em conserva, *in natura*) e, se possível, tire fotografias. Em casa, pesquise informações sobre cada tipo: como é cultivado, receitas feitas com ele e seu valor nutricional. Anote suas descobertas no caderno e compartilhe-as com os colegas na sala de aula.

Classificação dos animais

É muito comum que as pessoas classifiquem as coisas. Quando guardamos roupas no armário, costumamos usar alguma forma de classificação. Assim, se precisamos pegar uma bermuda ou uma camiseta, já sabemos em qual gaveta procurar.

Foi por essa razão que pesquisadores do passado começaram a classificar os seres vivos. Eles os classificaram em grupos com características semelhantes. Por exemplo, diferenciamos as plantas dos animais pelo fato de as plantas fazerem fotossíntese, enquanto os animais precisam buscar seu alimento em outros seres vivos.

Por sua vez, os animais podem ser separados em vertebrados e invertebrados, grupos que também podem ser subdivididos, como aprendemos.

Observe as imagens abaixo.

▶ O armário pode ser organizado pela classificação dos tipos de peça de roupa.

As imagens não estão representadas na mesma proporção.

▶ Águas-vivas.

▶ Gafanhoto.

▶ Anêmona.

▶ Libélula.

1 O que esses animais têm em comum? O que eles têm de diferente?

_____

_____

_____

2 Agora, vamos procurar outros animais invertebrados e classificá-los em grupos. Para isso usaremos uma ferramenta de buscas na internet.

a) Pesquise informações e fotografias dos animais a seguir.

| polvo | náutilo | mosca | mosquito | tênia | lombriga |

b) Forme três grupos com os animais pesquisados, de acordo com as semelhanças encontradas, e dê um nome a eles. Em um programa de edição de textos, faça uma tabela com esses grupos seguindo as instruções abaixo.

1. Procure, na aba Inserir, o item **Tabela** e clique nele.

▶ Como inserir tabela.

2. Digite o número de linhas e colunas da tabela de acordo com sua forma de organização. Lembre-se de acrescentar uma linha ou coluna para o nome dos grupos.

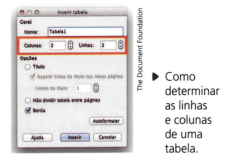

▶ Como determinar as linhas e colunas de uma tabela.

3. Ao criar sua tabela, destaque o nome dos grupos e os membros de cada um deles.

4. Apresente a tabela que você fez para o professor e os colegas.

Alimentação dos seres vivos

O que cada um come?

Destaque a página 187, da seção **Encartes**, recorte as ilustrações e cole-as abaixo.

SER VIVO   ALIMENTAÇÃO

Alimentação dos animais

As imagens inseridas no quadro não estão representadas na mesma proporção.

Os animais têm diferentes hábitos alimentares, que variam de acordo com a **espécie**. Alguns se alimentam de plantas (herbívoros), outros se alimentam de outros animais (carnívoros) e outros ainda se alimentam tanto de plantas quanto de animais (onívoros).

Dependendo das características do animal e das atividades que ele faz, a quantidade de alimento consumida varia. Observe no quadro a seguir alguns exemplos.

ANIMAL	PESO	QUANTO COME POR DIA	ALIMENTO PREFERIDO
▶ Baleia-azul.	150 **toneladas**	4 toneladas. O filhote mama 380 litros de leite diariamente.	*krill* (crustáceo encontrado em águas geladas) e pequenos peixes
▶ Musaranho pigmeu.	2 gramas	4 gramas	aranha, insetos, vermes e larvas
▶ Elefante-africano.	6 toneladas	450 quilogramas. O filhote mama até 11 litros de leite diariamente.	capim, folhas, casca de árvores e raízes
▶ Ser humano.	70 quilogramas (adulto)	1 quilograma e meio	variado

Fontes do quadro: <https://web.archive.org/web/20070711025158/>; <www.acsonline.org/factpack/bluewhl.htm>; <http://jeb.biologists.org/content/jexbio/205/15/2161.full.pdf>; <https://web.archive.org/web/20120325171517/>; <www.amboselinationalpark.co.uk/animals-of-the-amboseli-national-park/>; <www.thoughtco.com/facts-about-elephant-babies-1829282>. Acessos em: 2 nov. 2017.

▶ Quadro comparativo que mostra a relação entre o tamanho de alguns mamíferos e a quantidade de alimento ingerida por eles.

Observando o quadro, podemos perceber que os animais, incluindo o ser humano, ingerem quantidades grandes de alimento se compararmos o que cada um come a seu peso. Isso ocorre porque os alimentos são responsáveis pelo crescimento e desenvolvimento do animal. Nem todo o alimento ingerido é incorporado ao peso do animal. Parte é utilizada como fonte de energia no desempenho de atividades e parte é eliminada na forma de fezes.

Glossário

Espécie: conjunto de indivíduos com características semelhantes, capazes de se reproduzir entre si e de gerar prole, que também é capaz de gerar descendentes.

Tonelada: medida equivalente a mil quilogramas.

Importância da alimentação

A quantidade de alimento ingerida por um animal está relacionada ao seu gasto de energia, assim, se ele gasta mais energia, precisa consumir mais alimento.

Os animais utilizam diferentes estratégias para conseguir alimento.

O guepardo, por exemplo, gasta muita energia correndo atrás de presas que, normalmente, são animais grandes. Ele é capaz de correr longas distâncias em pouco tempo. Quando captura a presa, ele ingere bastante alimento em uma mesma refeição.

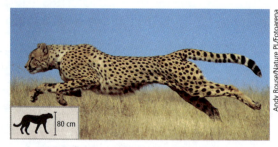

▶ O guepardo é um dos animais mais velozes do mundo.

As imagens não estão representadas na mesma proporção.

▶ O camelo pode acumular gordura nas corcovas.

O camelo alimenta-se de plantas rasteiras e arbustos. Quando encontra alimento, ingere grande quantidade, que fica acumulada na forma de gordura em suas corcovas. Graças a essa estrutura, ele pode aguentar longos períodos sem comida.

Alguns tipos de aranha constroem teias para caçar suas presas. Quando um animal gruda na teia, a aranha o envenena e o enrola na teia para se alimentar dele.

▶ A aranha tece a teia para capturar suas presas.

O alimento garante a sobrevivência do animal e fornece energia para sua reprodução. Quanto mais descendentes gerar, maior será o tamanho da população daquele animal, ou seja, de indivíduos da mesma espécie que habitam o mesmo local. Quando seus descendentes também conseguem alimento, eles crescem e se multiplicam.

▶ Elefantes com filhotes.

Alimentação das plantas e algas

As plantas e as algas produzem o próprio alimento pelo processo de **fotossíntese**. Você se lembra de como a fotossíntese ocorre?

Para produzir alimento, as plantas e algas necessitam de gás carbônico do ar, água e luz solar. A luz solar é captada principalmente pela **clorofila**, um pigmento que dá cor verde às plantas e algas.

Observe o esquema ao lado.

1. A planta absorve energia da luz solar.
2. O gás carbônico do ar é absorvido pela planta.
3. Pelas raízes, a planta também absorve água usada na fotossíntese e os nutrientes do solo.
4. Nas folhas, a água e o gás carbônico do ar são transformados em um tipo de açúcar, que é transportado pela planta, nutrindo todas as partes dela.
5. Nesse processo é produzido o gás oxigênio, que é liberado no ar.

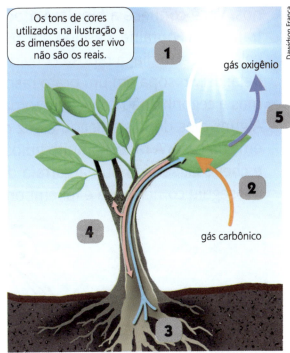

Os tons de cores utilizados na ilustração e as dimensões do ser vivo não são os reais.

gás oxigênio

gás carbônico

▶ Esquema da fotossíntese.

Glossário

Nutriente: substância fundamental para a sobrevivência dos seres vivos, que a retiram dos alimentos, do solo ou da água.

Assim como os animais, as plantas e algas têm várias estratégias para conseguir os recursos necessários a fim de se alimentarem.

As imagens não estão representadas na mesma proporção.

Como as algas vivem próximas à superfície da água, conseguem captar a luz solar. Elas absorvem gás carbônico e nutrientes da água.

25 m

▶ Algas.

Algumas árvores têm muitas folhas espalhadas em uma grande superfície para captar o máximo de luz solar.

15 m

▶ Jabuticabeira.

Os cactos são plantas que vivem em ambientes com pouca água. Eles acumulam água no caule e suas folhas são reduzidas na forma de espinhos para diminuir a perda de água.

15 cm

▶ Cacto coroa-de-frade.

Há plantas que capturam pequenos insetos em suas folhas, dos quais absorvem nutrientes que não encontram no solo. Elas habitam ambientes pobres em nutrientes.

7 cm

▶ Planta carnívora.

Atividades

1 Fábulas são histórias curtas com personagens animais que atuam como humanos. Você conhece a fábula *A raposa e a cegonha*? Ela foi criada pelo escritor francês La Fontaine, nascido em 1621. Nessa fábula, a raposa e a cegonha eram colegas. Certo dia, a raposa convidou a cegonha para jantar e pregou uma peça nela: serviu sopa em um prato raso. A raposa lambeu toda a sopa de seu prato, mas a cegonha não conseguiu tomar uma gota e foi embora morrendo de fome. Alguns dias depois, chegou a vez de a cegonha convidar a raposa para comer em sua casa. A raposa, muito gulosa, aceitou na hora. O jantar era carne macia e cheirosa, servida numa garrafa de gargalo estreito e comprido. A raposa não conseguiu comer nada e foi embora com fome.

▶ A raposa serviu a comida para a cegonha em um prato raso.

▶ A cegonha serviu a comida para a raposa em uma garrafa de gargalo estreito e comprido.

a) Observe as ilustrações e responda: Que características físicas da cegonha impediram que ela comesse? E no caso da raposa, quais foram as características?

b) Na vida real, a alimentação das raposas é um pouco diferente da citada na fábula. Pesquise e registre, em uma folha à parte, se há alguma relação entre as características da boca e a alimentação de cada um desses personagens.

c) Essa fábula traz algum ensinamento que pode ser aplicado a nosso relacionamento com outras pessoas?

O que acontece quando deixamos o alimento estragar?

Material:

◆ caixa;

◆ água;

◆ fita adesiva;

◆ dois pedaços de pão;

◆ saco plástico transparente.

▶ Umedeça a fatia de pão.

Procedimento

1. Coloque um dos pedaços de pão em um lugar seco, no qual haja circulação de ar.

2. Molhe os dedos e passe-os suavemente sobre o outro pedaço de pão, umedecendo-o.

3. Coloque o pão úmido dentro do saco plástico, feche-o com a fita adesiva e transfira-o para dentro da caixa – um local fresco e seco.

4. Observe o que acontecerá com os pedaços de pão nos próximos dias e, no caderno, faça um quadro para registrar por escrito a aparência deles no início e no fim desse experimento. Você pode tirar fotografias para enriquecer seu registro.

Com base nos resultados, responda às questões a seguir.

1 O que aconteceu com o pão que não foi umedecido?

_____

_____

2 O que aconteceu com o pão umedecido?

_____

_____

3 Nesse experimento, observamos um tipo de ser vivo. O que foi necessário para ele surgir? Você consegue identificar esse ser vivo?

_____

_____

Alimentação de fungos e bactérias

No experimento da página anterior, observamos a formação de fungos. Os fungos se reproduzem por pequenas partículas, que não podemos ver a olho nu. Ao encontrar alimento e água, as partículas se desenvolvem – o que aconteceu quando encontraram o pão umedecido.

É comum esses seres vivos aparecerem quando um alimento fica muito tempo exposto ao ambiente ou em um local úmido e aquecido.

Se o processo fosse acompanhado até o fim, o pão seria consumido até desaparecer por completo.

Os fungos e as bactérias que se alimentam de seres mortos são chamados de **decompositores**. Eles podem ser encontrados no solo, nos rios, lagos e oceanos – em praticamente todos os ambientes.

Ao se alimentarem, eles eliminam compostos no ambiente que podem ser utilizados pelas plantas.

Você consegue imaginar como seria o mundo sem os decompositores? Sem eles, todo ser morto ou resíduos se acumulariam no ambiente.

As imagens não estão representadas na mesma proporção.

Apesar de ser desagradável encontrar esses seres nos alimentos ou em restos de outros seres, os decompositores desempenham um papel muito importante na natureza. Isso ocorre porque retiram os resíduos do ambiente e os transformam em compostos que podem ser aproveitados por outros seres vivos, como as plantas.

▶ Perereca morta há 2 dias.

▶ Perereca morta há 4 dias.

Paulo César Pereira

▶ Representação de fungos, como os cogumelos, e outros seres microscópicos decompositores, como as bactérias. Esses seres vivos atuam na degradação de resíduos, como os restos de seres mortos, e os transformam em nutrientes que podem ser aproveitados por outros seres vivos, como as plantas.

▶ Perereca morta há 8 dias.

Fotos: R-P/Kino.com.br

4 cm

1 Observe a imagem e responda às questões.

▶ Seres vivos crescendo em tronco de árvore.

a) Como são chamados os seres vivos que você consegue encontrar na imagem? Quem faz parte deles? Qual deles você consegue visualizar na imagem?

_____

b) É importante, para o ambiente, que o tronco de uma árvore morta seja decomposto? Explique.

_____

_____

2 A maioria dos alimentos tem uma data de validade, que é a estimativa de tempo no qual ele pode ser consumido sem estragar. No entanto, os alimentos podem estragar antes dessa data se, após abertas as embalagens, eles forem armazenados em local com umidade e temperatura ambiente.

▶ Pote de geleia com fungos.

a) O que acontece com o alimento quando dizemos que "está estragado"?

_____

b) Por que os locais úmidos, com temperatura ambiente, podem reduzir a validade de alguns alimentos?

_____

_____

Relações entre os seres vivos

Procurando seres vivos

Os tons de cores e a proporção entre os tamanhos dos seres vivos representados não são os reais.

Com o professor, vá para um local em que haja muitas plantas, como um parque ou jardim. Observe atentamente e registre os seres vivos encontrados, como estão e o que estão fazendo.

Robson Olivieri Silva

1 Os seres vivos estavam isolados ou com outro ser vivo?

2 As plantas que você observou estavam **intactas**? O que pode ter acontecido com elas?

3 Você acha que os seres vivos precisam de outros seres vivos para sobreviver?

Glossário

Intacto: que está em sua forma original.

O que é interação?

As imagens não estão representadas na mesma proporção.

Os seres vivos interagem com o ambiente em que vivem e com outros seres vivos. Chamamos a relação entre dois ou mais seres vivos de **interação**.

As interações podem ocorrer de duas formas: entre seres da mesma espécie ou entre espécies diferentes. Elas ocorrem, por exemplo, porque os seres vivos precisam buscar abrigo e alimento, dependendo, assim, de outros seres vivos.

Observe as imagens abaixo. Quais são os seres vivos envolvidos e o que um ser vivo busca no outro? Leia as legendas e aprenda mais sobre essas interações.

Glossário

Seiva: líquido que circula dentro do vegetal.

▶ Peixes alimentam-se de resíduos do casco da tartaruga.

▶ Lagartixa alimenta-se de uma aranha.

▶ Perereca abriga-se dentro de bromélia.

▶ Anêmonas-do-mar sobre paguro.

▶ Veado-campeiro alimenta-se de capim.

▶ Erva-de-passarinho sobre tronco de jacarandá-mimoso. Essa planta fixa-se em outras para sugar-lhes a **seiva**.

Beneficiados e prejudicados

A relação entre seres vivos pode ser vantajosa ou prejudicial para um dos participantes. Veja alguns casos.

◆ Há situações em que os dois lados são beneficiados, como a abelha, que se alimenta de néctar ou pólen que retira da flor e a auxilia na polinização. Podemos citar também peixes que se alimentam de restos de comida e microrganismos que se alojam no corpo de outros animais, mantendo-os limpos.

▶ Abelha suga néctar de flor.

▶ A rêmora alimenta-se dos restos de comida do tubarão.

◆ Em algumas relações, um se beneficia e o outro nem se beneficia nem se prejudica, como no caso de orquídeas e bromélias. Elas se fixam em árvores para receber mais luz do Sol, mas não as prejudicam. Outro exemplo é a perereca, que busca abrigo dentro de bromélias e também não lhes causa prejuízo.

As imagens não estão representadas na mesma proporção.

▶ Orquídea sobre árvore.

◆ Já nas relações em que um dos lados é prejudicado, uma situação muito comum é um ser vivo alimentar-se de outro. Essa relação pode causar ou não a morte do outro. A coruja, por exemplo, alimenta-se do rato, causando a morte dele. Já o mosquito alimenta-se do sangue de outros animais, prejudicando-os, pois ele pode ser o agente transmissor de algumas doenças que podem levar à morte.

▶ Coruja alimenta-se de rato.

▶ Fêmea do mosquito transmissor da dengue suga sangue humano.

Castanheira, uma antiga parceria do homem

Os imensos castanhais muitas vezes são a principal fonte de renda de comunidades amazônicas. Majestosa, a castanheira alcança 50 metros de altura e sua copa pode cobrir outros 50 de diâmetro, lar de uma **miríade** de plantas e pequenos animais. [...]

Glossário

Miríade: grande número.

A gigante de 50 metros depende de abelhas nativas da Amazônia para se reproduzir. Só essas grandes abelhas abrem a fechada flor da castanheira. Em suas idas e vindas pelos castanhais, as abelhas polinizam as árvores. Uma outra pequena criatura da floresta, a cutia, desempenha outro papel essencial.

▶ Castanha--do-brasil, semente da castanheira.

▶ Castanheira.

– As cutias são as únicas que abrem o ouriço, o duríssimo fruto da castanheira. Ela come as sementes (a castanha) e, depois de saciada, enterra mais algumas pela floresta, como provisão. Como as cutias não recuperam todas as sementes que enterram, algumas acabam por germinar – explica Gribel.

Para ir de semente a gigante de 50 metros, a castanheira pode levar 500 anos. Na Amazônia há árvores de 800 anos de idade.

Ana Lucia Azevedo e Ricardo Grandelle. Samaúma, de mãe da Humanidade a recheio de compensado. *O Globo*, 26 abr. 2010. Disponível em: <http://oglobo.globo.com/sociedade/ciencia/samauma-de-mae-da-humanidade-recheio-de-compensado-3017988#ixzz4SQyjbP49>. Acesso em: 5 abr. 2019.

1 Qual é a importância das abelhas para a castanheira? A relação entre elas é benéfica ou prejudicial aos envolvidos? Explique.

_____

_____

2 Por que a cutia é importante para a castanheira?

_____

_____

1 Observe as fotografias. Identifique todas as interações entre os seres vivos apresentados e escreva se são benéficas ou prejudiciais aos envolvidos.

36 cm

1,30 m

▶ O anu-preto alimenta-se dos carrapatos que ficam na pele da capivara.

Frans Lanting/Latinstock

1 cm

▶ Carrapatos são invertebrados que sugam o sangue dos seres humanos e de outros animais.

epantha/iStockphoto.com

_____

_____

_____

2 Muitas espécies de formigas formam colônias, nas quais cada membro tem uma função específica, como coletar alimento, reproduzir e defender a colônia. Se estivessem sozinhos, teriam de desempenhar todas essas funções.

Você acha que essa forma de interação é benéfica ou prejudicial aos envolvidos? Você conhece outras espécies com comportamento semelhante?

1,5 cm

Fábio Colombini

▶ Colônia de formigas.

_____

_____

_____

3 Os seres humanos, ao contrário dos outros animais, interagem com diversas espécies sem necessariamente ter como objetivo utilizá-las como alimento, defesa ou abrigo. Discuta, em um grupo de três alunos, como podem ser essas relações, se são benéficas aos envolvidos e o que vocês podem fazer para evitar que essas relações sejam prejudiciais a outros seres vivos sem motivo.

4 Leia o texto a seguir e, depois, responda às questões.

A erva-de-passarinho é uma planta parasita que infesta rapidamente as árvores frutíferas, e até mesmo plantas ornamentais. A erva está presente em todas as regiões do país e o seu desenvolvimento se dá por meio dos nutrientes que rouba das plantas hospedeiras. Ela pode levar à morte pomares abandonados ou malcuidados.

Não existe nenhum **herbicida** recomendado para acabar com a erva-de-passarinho. A única maneira de se livrar dessas ervas daninhas sem comprometer a saúde da árvore é mesmo arrancando-as dos galhos. Se não forem retiradas, as ervas parasitas podem até causar a morte da planta hospedeira, ao longo dos anos.

A erva-de-passarinho recebeu esse nome porque se espalha com a ajuda dos passarinhos.

As aves ingerem as sementes da erva daninha, que depois são eliminadas nas fezes, disseminando assim a praga nos galhos de diversas plantas. As plantas cítricas, pessegueiro, macieira, pereira, primaveras, azáleas e tipuanas estão entre as espécies nas quais a praga costuma se instalar com mais frequência. Embora se espalhem com certa facilidade, não crescem com muita rapidez. [...]

> **Glossário**
>
> **Herbicida:** produto usado na agricultura para matar ervas daninhas.

Controle da erva-de-passarinho. *Emater-MG*, 30 set. 2008. Disponível em: <www.emater.mg.gov.br/portal.cgi?flagweb=site_pgn_radio_emater_acao_resumo&upload=2765>. Acesso em: 11 abr. 2019.

a) Que prejuízo a erva-de-passarinho pode trazer a uma planta?

_____

b) Um agricultor percebeu que seu pomar está repleto de erva-de-passarinho e precisa eliminá-la. Que conselho você daria a ele?

_____

_____

c) Que ser vivo ajuda na dispersão da erva-de-passarinho?

_____

Interações no ambiente

Jogo da presa e do predador

1. O professor sorteará pedaços de fita entre os alunos. Quem tirar fita verde será capim; amarela, será capivara; e vermelha, onça-pintada.

2. Separem-se conforme a ilustração: onças-pintadas no centro; capivaras em torno delas; e capins espalhados pelo espaço.

3. Quando o professor apitar, cada onça-pintada tentará pegar uma capivara. A primeira que conseguir, forma-

Ilustra Cartoon

▶ Alunos com as fitas do **jogo da presa e do predador**.

rá dupla com a capivara. Quem for capivara, tentará pegar um capim (que estará imóvel no chão), formando outra dupla. Quem formar dupla não poderá mais pegar nem ser pego, e a dupla ficará parada até o professor apitar.

4. O professor fará uma tabela na lousa com a quantidade de representantes de cada grupo no início do jogo e ao final de cada rodada. Um aluno ficará responsável por anotar as quantidades.

5. Para a rodada seguinte, os capins pegos serão capivaras, e as capivaras pegas serão onças-pintadas. Quem não pegar ninguém será capim.

1 Compare os resultados nas rodadas em que o número de capivaras aumentou muito, o que ocorreu com a quantidade de capim na rodada seguinte?

2 Quando a quantidade de onças cresceu muito numa rodada, o que ocorreu com o número de capivaras na rodada seguinte?

3 Na natureza, capivara come capim e onça come capivara. Como você relaciona o resultado desse jogo com o que aconteceria na natureza se apenas esses três tipos de seres vivos existissem num ambiente?

Vida e energia

Todos os seres vivos precisam de energia para a manutenção da vida. O alimento fornece a energia necessária para que o organismo funcione e, desse modo, mantenha-se vivo.

As plantas e as algas utilizam a energia do Sol para produzir o próprio alimento por meio da fotossíntese. Elas servem de alimento para muitos animais. Estes, por sua vez, são o alimento de outros animais. Essa sequência em que um ser vivo é alimento do outro é chamada **cadeia alimentar**.

> Os tons de cores e a proporção entre os tamanhos dos seres vivos representados não são os reais.

Cadeia alimentar

Observe o esquema ilustrado abaixo.

◎ Olho vivo!

As setas indicam o caminho que a matéria e a energia seguem na cadeia alimentar e podem ser lidas como "serve de alimento para".

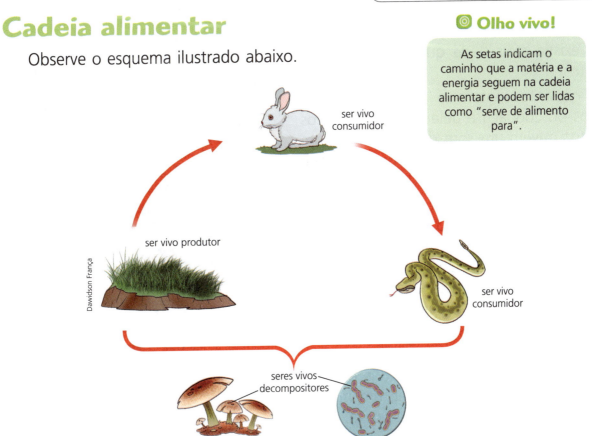

▶ Esquema de cadeia alimentar com capim, coelho, serpente e seres decompositores (fungos e bactérias).

As cadeias alimentares começam com um ser vivo que produz o próprio alimento, chamado **produtor**.

Um animal se alimenta da planta. Ele pode, em seguida, servir de alimento a outro animal. Os animais são seres **consumidores**. Em uma cadeia pode haver vários consumidores.

Quando morrem, todos os seres, sejam produtores, sejam consumidores, acabam servindo de alimento a fungos e bactérias, chamados seres **decompositores**. A decomposição da matéria desses seres libera nutrientes no ambiente, que podem ser absorvidos pelas plantas.

Alimento compartilhado

No final de um dia muito quente, um bando de **catetos** se banhava numa poça de lama ao lado de um pé de cupuaçu. Vários mosquitos seguiam o bando e picavam os catetos em busca de sangue. Outro bicho, bem maior, também seguia os catetos e também queria sangue (e carne): a onça, grande predador, para quem, naquela hora, não existia mais nada que não fossem os catetos.

Enquanto sentem o cheiro doce dos frutos do cupuaçu e dele se alimentam, os catetos ouvem um som ritmado, como um galope, como... uma onça! Pernas, pra que te quero: salve-se quem puder!

Um cateto, com uma perna machucada, não pôde seguir o bando. Em menos de um minuto, virou lambança na boca da onça. Debaixo do pé de cupuaçu, foi pouco o que sobrou do cateto. Quase nada.

Quer dizer, quase nada de que onça goste. Sobrou muito do que agrada a outros animais: barata, gambá, larva de mosca e larva de besouro. O que para uns é resto, para outros é o melhor manjar, um mundo de nutrição. Até urubu pousou por lá.

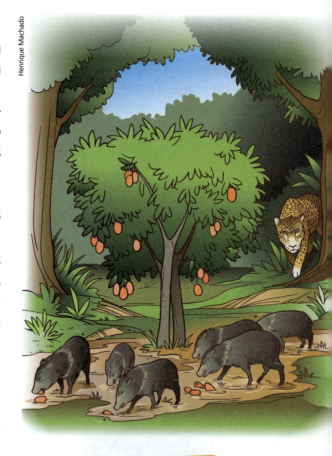

Henrique Machado

Glossário

Cateto: animal conhecido também como caititu. Anda em bando e é semelhante ao porco e ao javali. Era muito comum no Brasil antes de seu hábitat ser reduzido pelo desmatamento e de tornar-se alvo de caçadores.

E para limpar o que sobrou da carcaça foi chegando uma grande quantidade de fungos e bactérias que vivem no solo. Daí, para quem não é atento, pareceu até que o cateto virou chão, virou solo. Mas não foi isso não. Ele foi decomposto e virou nutriente mineral que se misturou ao solo e foi absorvido pelas raízes do pé de cupuaçu! E, como cupuaçu, foi comido por um macaco que nunca viu cateto nem onça, mas sabe subir em árvore para se alimentar com as mãos.

Texto produzido especialmente para esta obra.

1 Quantos seres vivos se alimentaram do cateto?

2 Por que a história conta que o cateto virou cupuaçu? O que fungos e bactérias podem ter a ver com isso?

Atividades

1 Observe a imagem a seguir.

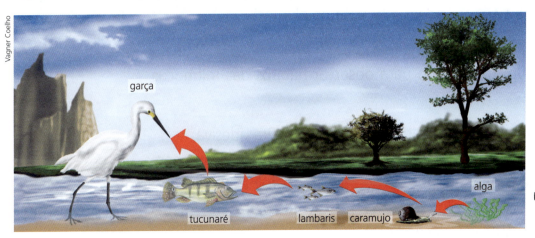

Os tons de cores e a proporção entre os tamanhos dos seres vivos representados não são os reais.

▶ Representação de cadeia alimentar.

a) Identifique na ilustração quem é herbívoro e quem é carnívoro e explique o que essa classificação significa.

_____

_____

b) Marque um **X** nos produtores e circule os consumidores dessa cadeia alimentar.

c) Se qualquer um dos seres vivos dessa cadeia alimentar morrer, um grupo que não está representado poderá se alimentar deles e transformá-los em

nutrientes. Que grupo é esse? _____

d) Que organismos podem aproveitar os nutrientes produzidos na decomposição?

2 Considere os seres vivos a seguir, identifique o papel de cada componente dessa cadeia alimentar e faça o que se pede.

▶ Representação da cadeia alimentar.

a) Marque um **X** no ser vivo produtor dessa cadeia.

b) Qual é a importância dos decompositores nas cadeias alimentares?

As minhocas vivem em ambientes claros ou escuros? Como elas contribuem para o solo ficar mais solto e adequado para as plantas?

Objetivo

Construir um minhocário para observar hábitos das minhocas.

Material:

- uma garrafa PET de 2 litros ou mais;
- solo de jardim (solo escuro);
- cerca de 6 minhocas;
- pó de 12 gizes coloridos;
- cartolina ou saco plástico pretos;
- fita adesiva;
- pá de jardinagem;
- folhas caídas de árvores;
- água para umedecer o solo de jardim.

Procedimento

1. Peça a um adulto que corte a parte de cima da garrafa PET.
2. Coloque o solo de jardim na garrafa até formar uma camada com cerca de 5 cm; depois, coloque uma camada fina de pó de giz.
3. Repita o procedimento anterior duas vezes e, por fim, ponha mais uma camada de terra.
4. Coloque as minhocas sobre o solo úmido e observe o comportamento delas.

▶ Aluna coloca o solo na garrafa plástica.

▶ Cubra o experimento com o saco plástico.

Fotos: Eduardo Santaliestra

5. Depois, cubra as laterais da garrafa com o saco plástico (ou a cartolina).
6. Mantenha o minhocário em local com luminosidade natural.
7. Durante quatro dias, retire o saco plástico (ou a cartolina) e observe como estão o solo e as minhocas próximas da lateral da garrafa. Recoloque o saco plástico (ou a cartolina) e registre as observações no caderno.
8. Verifique diariamente se o solo está úmido.

Resolva as questões a seguir.

1 O que houve com as minhocas logo que você as colocou no solo? Por quê?

2 Por que a garrafa foi envolvida com cartolina ou saco plástico pretos?

3 Qual é a importância das minhocas para o solo?

A matéria se recicla

Na busca por alimento e abrigo, os seres vivos estão sempre modificando o ambiente, como o solo. As minhocas, por exemplo, tornam o solo mais macio, aerado e rico em nutrientes. Os seres decompositores também modificam o solo, pois, ao decompor a **matéria orgânica** formada por resíduos de organismos vivos (excrementos) ou mortos, eles liberam nele os nutrientes.

As plantas e as algas utilizam a energia da luz do Sol para produzir seu alimento, a glicose (um tipo de açúcar); além disso, absorvem do ambiente, por meio de suas raízes, nutrientes minerais que estão no solo.

Os tons de cores e a proporção entre os tamanhos dos seres vivos representados não são os reais.

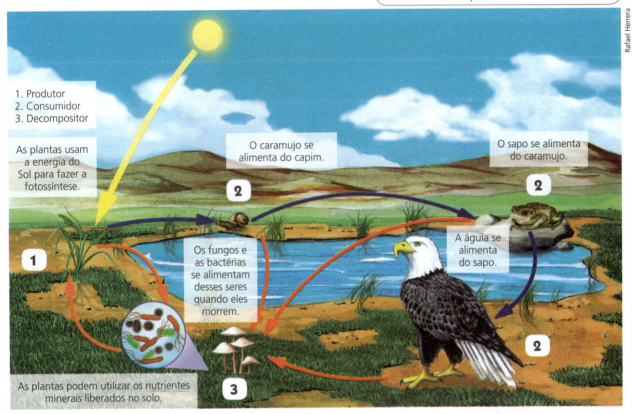

Rafael Herrera

1. Produtor
2. Consumidor
3. Decompositor

As plantas usam a energia do Sol para fazer a fotossíntese.

O caramujo se alimenta do capim.

O sapo se alimenta do caramujo.

Os fungos e as bactérias se alimentam desses seres quando eles morrem.

A águia se alimenta do sapo.

As plantas podem utilizar os nutrientes minerais liberados no solo.

▶ Esquema de uma cadeia alimentar no ambiente. 1. Produtores; 2. Consumidores; 3. Decompositores.

No esquema acima, quando o capim é consumido pelo caramujo, uma parte da matéria que o forma passa a fazer parte do corpo do caramujo. A outra parte é eliminada do corpo do caramujo e volta ao ambiente, por exemplo, como excremento (fezes).

Parte da matéria do caramujo é transferida ao sapo, e parte da matéria do sapo vai para a águia. Um dia, esses seres morrerão. Então, fungos e bactérias irão decompô-los e, assim, incorporarão uma parcela da matéria que formava seus corpos, liberando os nutrientes no ambiente.

Desse modo, percebe-se que a matéria é constantemente reciclada no ambiente. Como as plantas iniciam a maioria das cadeias alimentares, pode-se dizer que é a energia do Sol que alimenta esse ciclo.

Manguezais

O manguezal ocorre em muitos locais da costa brasileira. É uma região que pode ser alagada de acordo com o movimento das marés. Seu solo é lamacento e com pouco gás oxigênio. A vegetação tem raízes expostas e plantas que sobrevivem em ambientes com alta salinidade.

Nesse ambiente há muitos sedimentos finos que se assentam e tornam o solo pouco permeável e rico em decompositores.

▶ Caranguejo azul (guaiamum) no manguezal. Ubatuba, São Paulo, 2008.

▶ Os manguezais são ambientes que se formam, geralmente, próximos do encontro de rios com o mar. Ubatuba, São Paulo, 2007.

Os manguezais são considerados berçários da natureza, já que muitos caranguejos, peixes e outros animais deixam seus ovos nesses locais e os filhotes nascem nas águas calmas dos manguezais.

A humanidade, entretanto, nem sempre atentou à preservação dos manguezais e causou a degradação desse ambiente. A poluição das águas dos rios, o desmatamento, o lançamento de esgotos nessas áreas e o aterramento para construção de casas, ruas e prédios provocaram a redução drástica dos manguezais em todo o país.

1 O manguezal é um local rico em matéria orgânica. De onde vem essa matéria? Que seres vivos são responsáveis pela decomposição dela?

_____

_____

_____

2 Qual é a consequência da degradação dos manguezais para animais e plantas?

_____

_____

É muito importante para a sobrevivência dos seres vivos que as cadeias alimentares se mantenham em equilíbrio. Quando um grupo de seres vivos desaparece ou sua quantidade diminui, ocorre desequilíbrio na cadeia alimentar: alguns seres vivos ficam sem alimento e outros proliferam em grande quantidade.

Infelizmente, o uso insustentável dos recursos naturais pelos seres humanos tem causado destruição ambiental e, consequentemente, o desequilíbrio de muitas cadeias alimentares.

Veja o que acontece no exemplo acima.

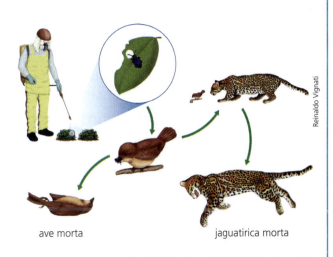

ave morta

jaguatirica morta

Reinaldo Vignati

Os tons de cores e a proporção entre os tamanhos dos seres vivos representados não são os reais.

1 Em certo local, a mortalidade de jaguatiricas e de aves insetívoras aumentou acentuadamente. Analise as relações alimentares ilustradas acima e proponha uma explicação para esse fato.

_____

_____

_____

_____

2 Considere uma cadeia alimentar composta de plantas, gafanhotos, sapos e serpentes, além de fungos e bactérias. O que aconteceria com a quantidade de gafanhotos e de plantas caso as serpentes do local fossem mortas pelas pessoas?

_____

_____

3 Quais atitudes as pessoas podem ter com o objetivo de manter em equilíbrio as cadeias alimentares?

A energia nas cadeias alimentares

Como vimos, o Sol é a fonte de energia para os produtores das cadeias alimentares. Mas o que ocorre com a energia recebida pelos produtores ao longo da cadeia? Será que ela aumenta, diminui ou se mantém?

Parte da energia do Sol que os produtores recebem fica armazenada na matéria do corpo deles. A outra parte dessa energia é usada na manutenção e no desenvolvimento do organismo e é transformada e liberada para o ambiente.

> As imagens não estão representadas na mesma proporção.

Vamos conhecer agora alguns exemplos de como isso acontece, ou seja, de que modo a energia do Sol que foi transformada pela planta é transferida para outro consumidor.

Você se lembra da castanheira da página 63? Retome a leitura daquele texto.

Você sabia que essa árvore germina e, quando adulta, pode chegar a cerca de 50 metros de altura e seu caule a 2 metros de diâmetro? Após desenvolver-se, a castanheira passa a produzir muitos frutos. Você já comeu castanha-do-pará?

A castanheira produz por ano, em média, 29 ouriços (frutos), cada um com cerca de 16 castanhas dentro, o que resulta em aproximadamente 470 castanhas.

▶ Muda de castanheira.

▶ O ouriço, fruto que acomoda as castanhas.

▶ Castanheira adulta.

Silvestre Silva/Opção Brasil Imagens

Edson Grandisoli/Pulsar Imagens

Pedarilhos/Shutterstock.com

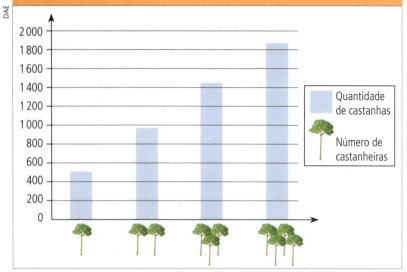

Quantidade aproximada de castanhas produzidas por número de castanheiras durante um ano

DAE

Legenda:
- Quantidade de castanhas
- Número de castanheiras

Fonte: <www.sebrae.com.br/sites/PortalSebrae/artigos/o-cultivo-e-o-mercado-da-castanha-do-brasil,c0ca9e665b182410VgnVCM100000b272010aRCRD>.

Para crescer, se manter e produzir toda essa matéria orgânica, a castanheira faz fotossíntese, processo fundamental pelo qual as plantas fabricam o próprio alimento. Você estudou na página 55 que a fotossíntese ocorre na presença de luz solar e a planta utiliza essa energia para se manter. É isso que possibilita o desenvolvimento das estruturas que formam o corpo das plantas e a produção de flores, frutos e sementes.

Quando uma pessoa se alimenta de castanhas, ela se apropria dos nutrientes minerais absorvidos do solo pela castanheira e também da energia que foi produzida por meio da fotossíntese e ficou armazenada nos frutos.

Veja a seguir outro exemplo de como essa energia pode ser transferida. Você vai à feira e compra alimentos de origem vegetal, como a castanha. Ao se alimentar desses vegetais, parte da energia que estava neles passa para seu organismo.

No entanto, o alimento comprado na feira geralmente veio do cultivo em plantações. Essa é uma grande diferença na forma de aquisição de alimentos pelo ser humano e por outros animais. Ao plantar e produzir uma horta, por exemplo, o ser humano controla a produção da própria comida, ou seja, não consome apenas as plantas nascidas naturalmente. Os demais animais não têm essa habilidade.

▶ Os vegetais comprados na feira serão usados na alimentação.

Agora veja outro exemplo de transferência de energia que acontece na natureza. Quando um animal se alimenta de uma planta, como o grilo no esquema ilustrado a seguir, apenas uma parte da energia que a planta recebeu do Sol é transferida para ele. Do total de energia que o grilo obteve, uma parte é liberada para o ambiente, pois é gasta em atividades que mantêm o organismo dele funcionando, como no seu crescimento, na respiração, na digestão, entre outras. A parte da energia que ele não gastou permanece armazenada em seu corpo.

O mesmo acontece quando outro animal, um consumidor secundário, como o sapo, alimenta-se do grilo, que é o consumidor primário dessa cadeia. O sapo armazena apenas uma parte da energia que o grilo recebeu da planta. Do total da energia recebida ao alimentar-se do grilo, o sapo armazena uma parte em seu corpo e a outra é liberada para o ambiente, porque ele a utiliza para sobreviver.

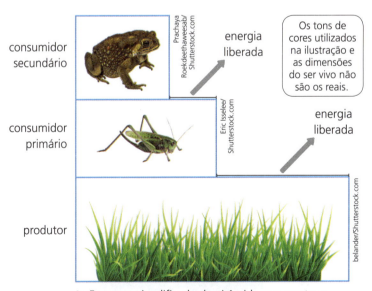

▶ Esquema simplificado de pirâmide que mostra a perda de energia na cadeia alimentar.

Para entender melhor, observe o esquema ao lado.

É possível afirmar que apenas uma parte da energia disponível em uma dada etapa da cadeia alimentar é transferida para a etapa seguinte.

Isso significa que a quantidade total de energia diminui ao longo da cadeia, pois na passagem de um nível alimentar para outro há perda de energia, uma vez que ela foi usada para a manutenção das atividades vitais de cada organismo constituinte da cadeia.

Atividades

1 Observe a imagem a seguir e responda às questões.

Os tons de cores e a proporção entre os tamanhos dos seres vivos representados não são os reais.

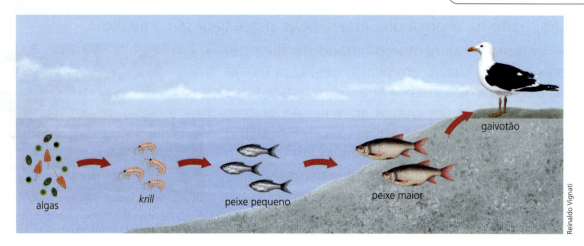

algas   krill   peixe pequeno   peixe maior   gaivotão

Reinaldo Vignati

a) O que o esquema mostra?

_____

_____

_____

b) Quem são os produtores dessa cadeia?

_____

c) Quem são os consumidores?

_____

d) Quais componentes de uma cadeia alimentar estão faltando na imagem?

_____

2 O esquema ao lado representa cinco seres vivos dispostos sequencialmente em uma cadeia alimentar.

Considere que o tamanho de cada degrau representa a quantidade de energia armazenada naquele ser vivo da cadeia alimentar. Como você descreveria esse fluxo, em termos de quantidade de energia, da base para o topo?

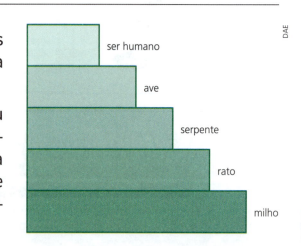

ser humano
ave
serpente
rato
milho

DAE

3 Nós, seres humanos, também participamos de cadeias alimentares. Observe a imagem e depois, com a ajuda do professor, preencha as sequências a seguir com o nome dos seres vivos para formar algumas dessas cadeias.

boi
capim
ser humano

Lápis Mágico

▶ Esquema de cadeia alimentar.

a) boi   capim   ser humano

b) joaninha   couve   pulgão   galinha   ser humano

a) _____ ➡ _____ ➡ _____

b) _____ ➡ _____ ➡ _____ ➡ _____ ➡ _____

4 Observe a cadeia alimentar e responda às questões propostas.

Paulo César Pereira

lagarta
sabiá
gavião
plantas
fungos e bactérias

▶ Representação de seres vivos de uma cadeia alimentar.

a) Identifique na cadeia alimentar os elementos a seguir.

◆ Produtor: _____

◆ Consumidores: _____

◆ Decompositores: _____

5 Por que se afirma que é o Sol que move o ciclo da matéria no planeta Terra?

_____

_____

6 Por que há perda de energia quando se passa de um nível da cadeia alimentar ao seguinte? Para onde vai essa energia? Ela é realmente perdida?

_____

_____

_____

A história da cadeia alimentar

[...] A árvore estava cheia de insetos, que se alimentavam dela com muito apetite. A seiva açucarada dos brotos verdes servia de comida para formigas e muitos outros insetos, como as lagartas, que se arrastavam para mastigar as folhas.

Uma grande lagarta estava se arrastando até a ponta de um galho com muitas folhas deliciosas. Ela não percebeu o pássaro colorido que estava empoleirado bem acima dela.

O pássaro baixou a cabeça para olhar a lagarta. Apesar dos pelos espetados e das listras alaranjadas, o pássaro sabia que ela não era venenosa.

De repente, o pássaro esticou o pescoço com rapidez e agarrou a lagarta com o bico. Ele levantou a cabeça e engoliu a lagarta inteira.

Então o pássaro sacudiu as asas e se acomodou no galho, esperando que outro lanche passasse. [...]

Jacqui Bailey. *A história da cadeia alimentar*. São Paulo: DCL, 2008. p. 10 e 11. (Ciência Viva).

1 Monte a cadeia alimentar da história acima identificando o produtor e os consumidores e desenhe-os no espaço abaixo.

2 A cadeia alimentar dessa história cita produtor e consumidor. Que tipo de ser vivo falta para ela estar completa? Qual é a função desse elemento?

_____

_____

Combatendo o tráfico de animais

Leia a entrevista com Raulff Lima, biólogo, coordenador da Rede Nacional de Combate ao Tráfico de Animais Silvestres (Renctas), organização que combate o tráfico de animais.

Raulff Lima

Gustavo Lima

▶ O biólogo Raulff Lima é um dos fundadores da Renctas.

O que a Renctas faz para combater o tráfico de animais?

Divulga informações sobre o tráfico e como combatê-lo, com o objetivo de sensibilizar a sociedade e incentivá-la a entrar nessa luta.

Por que o tráfico de animais silvestres é uma ameaça à diversidade de seres vivos?

O tráfico de animais é uma atividade extremamente nociva para as espécies silvestres, porque retira da natureza uma quantidade grande de animais que são importantes para as funções ecológicas dos ecossistemas, por exemplo, o controle populacional de outros animais, a polinização das plantas e a dispersão de sementes.

Como as pessoas podem auxiliar nesse combate?

Não comprar animais de origem ilegal, ou seja, do tráfico. É bom esclarecer que se alguém quiser ter um peixe ornamental, um papagaio ou uma jiboia, ele tem este direito, mas estes animais só podem ser comprados de um criadouro legalizado ou de uma loja autorizada pelo órgão ambiental. As pessoas podem ajudar também utilizando o disque-denúncia do estado onde vivem se souberem de algum caso de tráfico.

Como a ciência ajuda a preservar a diversidade da vida?

Quanto mais conhecemos o funcionamento do ambiente natural e as consequências das modificações feitas pelo ser humano, mais podemos agir para reverter os danos causados e conservar a diversidade. E esse conhecimento só é possível graças à pesquisa científica.

1 Converse com os colegas e, juntos, escrevam uma mensagem sobre a importância de combater o tráfico de animais. Depois, divulguem a mensagem em um mural ou no *blog* da escola.

1 Observe a imagem ao lado.

a) Os animais são vertebrados ou invertebrados. Por quê?

_____

_____

_____

_____

b) De que modo os seres vivos que mais
aparecem na imagem, ou seja, as anêmonas, conseguem alimento?

▶ Alfred E. Brehm. *Anêmonas do mar*, 1893.
Litogravura colorida, 19,5 cm × 12,5 cm.

_____

2 Leia o texto a seguir e responda às questões.

Quanto uma baleia come por dia?

Depende da baleia. A mais gulosa é a azul, que pode ingerir nada menos do
que 4 toneladas de comida em 24 horas. [...]. Mais contidas, espécies menores,
como a franca e a jubarte, abocanham até 2 toneladas de alimento por dia. Apesar
do porte imponente, a baleia dificilmente escolhe uma presa à altura. Seu "arroz
com feijão" consiste em pequenos peixes e microcrustáceos [...] – pouco maiores
que uma cabeça de alfinete – e o *krill*, que lembra o camarão. Mas esse banquete
não rola todo dia: algumas espécies passam meses em jejum ao migrar para águas
equatoriais, onde as fêmeas têm seus filhotes. Como essa região é mais quente
e tem menos comida, as baleias aproveitam as generosas ofertas de *krill* no Polo
Sul para encher o bucho.

A comilança aumenta em até 40% a capa de gordura do animal, que serve
como reserva energética para a temporada em águas quentes. [...]

Anna Virginia Balloussier. Quanto uma baleia come por dia? *Superinteressante*.
São Paulo: Abril Comunicações S.A., edição 252, p. 56, 1º maio 2008.

a) Sabendo que as baleias vivem nas águas frias do Polo Sul e depois migram para
as águas mais quentes da linha equatorial, responda: quando não há alimento
disponível no ambiente, como a baleia obtém energia para suas atividades?

b) De onde vem a energia que as plantas absorvem para fazer a fotossíntese e

que as baleias e todos os outros seres vivos utilizam? _____

As imagens não estão representadas na mesma proporção.

3 Quando o inseto pousa em uma flor, o pólen gruda nele e é conduzido até outra flor, o que contribui para a reprodução das plantas.

▶ Abelha com pólen.

a) Classifique os dois seres vivos envolvidos.

_____

b) Qual é a relação entre as abelhas e as plantas?

_____

4 Crie legendas que descrevam como os seres vivos das imagens se alimentam e sua importância para o ambiente em relação ao fluxo de matéria e energia.

a)

_____

_____

_____

b)

_____

_____

_____

5 Observe a cadeia alimentar e complete o texto.

▶ Esquema de cadeia alimentar.

Os _____ dessa cadeia alimentar são as

algas, que armazenam a energia do Sol e produzem o

próprio alimento. O _____ alimenta-se

delas e gasta parte da _____ obtida em

suas atividades, enquanto parte do alimento é armazenada em seu corpo. Ele e o

_____ são os _____. Por fim, os _____

reciclam a matéria e parte dela retorna para as _____.

◆ Os animais podem ser classificados em:

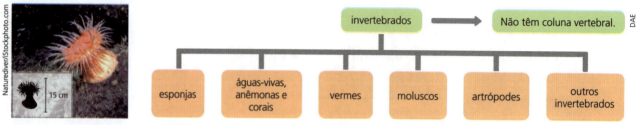

Naturediver/iStockphoto.com

15 cm

DAE

▶ A anêmona é um animal invertebrado, como visto na página 42.

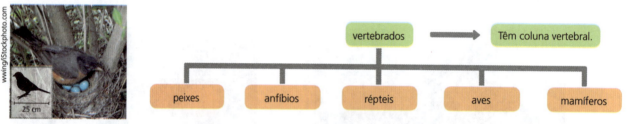

www.ing/iStockphoto.com

25 cm

▶ As aves são animais vertebrados, como visto na página 45.

◆ As plantas podem ser de vários tipos, como musgos, samambaias, pinheiros e plantas que produzem flores e frutos, como a laranjeira e o tomateiro.

◆ Além dos animais e das plantas, há outros tipos de ser vivo que habitam o planeta: bactérias, protozoários, algas e fungos.

◆ Há seres vivos que produzem o próprio alimento, como as algas e as plantas, e outros que consomem alimentos do ambiente, como animais, protozoários, fungos e a maioria das bactérias. Os fungos e as bactérias atuam como decompositores.

◆ As relações alimentares entre os organismos podem ser representadas por um esquema de cadeia alimentar. Ela é formada por produtores, consumidores e decompositores. Os decompositores são importantes porque reciclam a matéria.

◆ Em uma cadeia alimentar, ocorre o fluxo de matéria e energia entre os seres vivos. A energia do Sol é transformada pelos produtores e transferida ao longo da cadeia para os consumidores. No entanto, parte dessa energia é perdida porque ela é usada para a manutenção dos seres vivos.

Para finalizar, responda:

▶ Como os seres vivos podem se relacionar entre si?

▶ O que são cadeias alimentares? Dê um exemplo.

▶ O que acontece com a matéria e a energia em uma cadeia alimentar?

Livros

Editora DCL

▶ **A história da cadeia alimentar**, de Jacqui Bailey, com ilustrações de Matthew Lilly. São Paulo: DCL, 2008.

Conheça melhor a relação alimentar entre os animais e a dependência que eles têm das plantas para sobreviver.

▶ **Disfarces dos animais**, de Neide Simões de Mattos e Suzana Facchini. São Paulo: Formato, 2012. (Coleção Verde).

Editora Formato

Nesse livro são mostradas várias formas de disfarce dos animais, que se confundem com o ambiente para conseguir comida ou escapar de virar refeição alheia.

Sites

▶ **Quem come o quê?**: <www.gameseducativos.com/quem-come-o-que/ci%C3%AAncias>.

Jogo para montar cinco cadeias alimentares.

▶ *Quiz* **da cadeia alimentar**: <www.smartkids.com.br/jogo/jogo-trivia-cadeia-alimentar>.

Oferece um *quiz* a respeito da cadeia alimentar, com imagens divertidas em linguagem acessível.

Filme

▶ **Procurando Nemo**. Direção de Andrew Stanton e Lee Unkrich. EUA: Walt Disney/Pixar, 2003, 100 min.

O filme conta as aventuras de um peixe que se perde no oceano, onde vive uma grande diversidade de animais.

Visitação

▶ **Museu de História Natural da Universidade Federal de Alagoas. Maceió, Alagoas**.

O museu apoia atividades científico-culturais de ensino e pesquisa em Ciências Naturais. Mais informações em: <http://mhnufal.blogspot.com.br/>.

▶ **Guia de Centros e Museus de Ciências do Brasil – 2015**.

Para outros museus brasileiros, consulte: <www.casadaciencia.ufrj.br/Publicacoes/guia/Files/guiacentrosciencia2015.pdf>.

Saúde: atitudes e saneamento básico

Fabiana Salomão

POSTO DE SAÚDE

- Que atitudes adequadas em relação ao ambiente a ilustração mostra?

- As pessoas estão cuidando da saúde? Como?

- E você, o que faz para cuidar de sua saúde e do lugar onde vive?

Os tons de cores e a proporção entre os tamanhos dos seres vivos representados não são os reais.

Microrganismos: seres muito pequenos

Convivendo com microrganismos

Muitos seres convivem conosco no dia a dia, mas nem sempre vemos todos eles. Alguns são benéficos e outros podem causar doenças.

1 Ligue os pontos e veja onde podemos encontrar alguns desses seres.

Os tons de cores e a proporção entre os tamanhos dos seres vivos representados não são os reais.

Robson Olivieri Silva

a) Que desenho se formou?

b) Na imagem estão representados alguns microrganismos. O que você sabe sobre eles?

c) Com base na leitura da imagem, podemos perceber a importância de adotarmos uma atitude para proteger nossa saúde. Que atitude é essa e por que devemos tomá-la?

Como enxergar os microrganismos?

Na imagem da página anterior, você viu vários seres vivos em uma mão. Certamente há em sua mão, agora, vários desses seres muito pequenos, que não podem ser vistos a olho nu, somente com aparelhos especiais, como microscópios.

O **microscópio** é o aparelho utilizado para ampliar imagens de seres e materiais extremamente pequenos.

Graças a esse instrumento, os pesquisadores conseguem obter informações a respeito do mundo microscópico e ver detalhes de materiais para seus estudos.

▶ O microscópio óptico possibilita ampliações de até 2 mil vezes. No destaque, imagem de bactéria *Streptococcus pneumoniae*, que pode causar a pneumonia, com ampliação de 500 vezes, obtida em microscópio óptico.

Eye of Science/Science Photo Library/SPL DC/Latinstock

Elena Schweitzer/Dreamstime.com

Os tons de cores e a proporção entre os tamanhos dos seres vivos representados não são os reais.

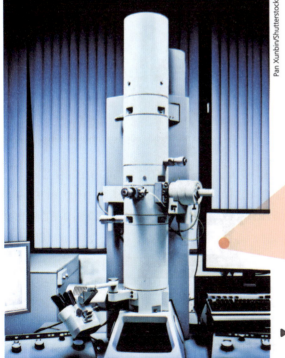

Pan Xunbin/Shutterstock.com

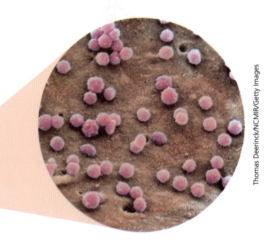

Thomas Deerinck/NCMIR/Getty Images

▶ O microscópio eletrônico possibilita ampliações muito maiores do que as alcançadas com o microscópio óptico. No destaque, imagem de vírus que causa a aids com ampliação de 50000 vezes, obtida em microscópio eletrônico e colorida artificialmente.

O surgimento do microscópio

O crédito pela invenção do microscópio é dado ao holandês Zacharias Jansen, por volta do ano 1595.

[...] No início, o instrumento era considerado um brinquedo que possibilitava a observação de pequenos objetos.

O **século** XVII foi um período de grande interesse pelos microscópios. A própria palavra microscópio foi oficializada na época pelos membros da mais importante sociedade científica. Contudo, ainda havia dúvidas sobre a importância do instrumento para a ciência. A **magnificação** dos objetos obtida, em torno de nove vezes, não permitia observar coisas realmente novas. [...]

[...]

O século XVIII foi uma época de melhorias nas lentes e microscópios: maior estabilidade, precisão de foco e facilidades de uso. [...]

Atualmente, os microscópios e as técnicas de observação estão bastante avançados. Os modelos ópticos confocais possibilitam regulagens extremamente precisas no foco e na capacidade de ampliação.

> **Glossário**
>
> **Magnificação:** ampliação.
> **Século:** período que corresponde a 100 anos.

As imagens não estão representadas na mesma proporção.

Invivo Fiocruz. Disponível em: <www.invivo.fiocruz.br/celula/historia_06.htm>. Acesso em: 6 abr. 2019.

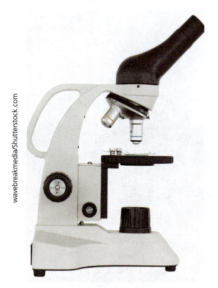

▶ Microscópio óptico atual.

▶ Microscópio produzido no século XVII.

1 Qual foi a importância da invenção do microscópio?

2 Quais foram as melhorias pelas quais passou o microscópio?

O que são microrganismos?

Os microrganismos estão em toda parte – no ar, na água, no solo, nos alimentos e no corpo de outros seres vivos. Alguns nos fazem bem; outros, podem ser prejudiciais.

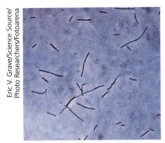

▶ Bactérias encontradas no leite fermentado. Imagem com ampliação de 750 vezes, obtida em microscópio óptico.

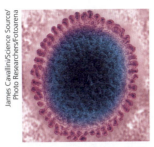

▶ Vírus da gripe. Imagem com ampliação de 330 mil vezes, obtida em microscópio eletrônico.

▶ Fungo encontrado no mofo ou bolor. Imagem com ampliação de 330 vezes, obtida em microscópio óptico.

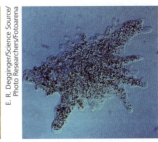

▶ Protozoário encontrado em meio aquático. Imagem com ampliação de 170 vezes, obtida em microscópio óptico.

Entre os microrganismos benéficos podemos citar as bactérias e os fungos, conforme você já aprendeu, que decompõem a matéria orgânica, enriquecendo o ambiente com nutrientes minerais. Mas lembre-se: existem fungos que não são microscópicos e que são decompositores.

No entanto, os microrganismos também podem provocar doenças, por exemplo, a gripe, causada por vírus transmitido de uma pessoa para outra por meio da saliva e mãos contaminadas ou liberado no ar quando alguém infectado espirra, tosse ou fala. Algumas dessas doenças são simples de tratar e outras podem levar à morte.

▶ Os fungos decompõem os alimentos, como o morango.

Outro exemplo é a cárie, formada por substâncias produzidas pelas bactérias que vivem em nossa boca. Para evitar cáries, é importante sempre escovar os dentes após cada refeição, usar fio dental todos os dias, principalmente antes de dormir, e consultar o dentista regularmente.

Os protozoários são seres vivos muito pequenos encontrados em diversos ambientes. A maioria não causa prejuízo para as pessoas. Outros provocam doenças como amebíase, malária e doença de Chagas.

As imagens não estão representadas na mesma proporção.

▶ Gripe e resfriado são doenças causadas por vírus e provocam tosse, espirros, dores pelo corpo e febre.

Bactérias e seus benefícios

Você aprendeu que muitas bactérias podem causar doenças e que outras são fundamentais para o equilíbrio ambiental, atuando como decompositoras com os fungos. No entanto, existem também bactérias úteis para outros seres vivos, inclusive o ser humano, ou utilizadas em processos industriais.

◆ Alimentação humana

▶ Há bactérias que atuam na produção de alimentos, como iogurte e queijo.

◆ Tratamento de esgoto

▶ Existem bactérias que atuam no tratamento do esgoto decompondo a matéria orgânica presente nele.

As imagens não estão representadas na mesma proporção.

◆ Fertilidade do solo

▶ Algumas bactérias podem associar-se a raízes de certas plantas, como as do feijoeiro, no destaque, e disponibilizar a elas nitrogênio, material encontrado no ar. O nitrogênio faz parte de substâncias que formam o corpo das plantas.

O condomínio chamado corpo humano

Nosso organismo é habitado por bilhões de formas de vida microscópicas [...]

Sabia que sobre sua pele, neste momento, estão vivendo milhões e milhões de bactérias? Elas nascem, reproduzem-se e morrem, ou seja, passam a vida inteira em seu corpo. Sem, às vezes, nem prejudicá-lo. Achou nojento? Não se preocupe: isso é mais que normal. Temos todos diversos 'moradores' no interior e exterior de nosso corpo, e vários deles são até muito importantes para seu bom funcionamento. Como os lactobacilos, que habitam nosso intestino. Eles regulam as funções desse órgão e protegem-no da ação de bactérias nocivas, ao mesmo tempo que conseguem alimento em uma fartura difícil de encontrar em qualquer outro lugar. [...]

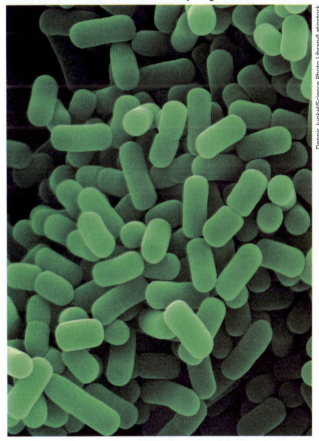

▶ Lactobacilos presentes no organismo de animais como o ser humano. Ampliação de aproximadamente 2 600 vezes, obtida em microscópio eletrônico e colorida artificialmente.

Alguns pesquisadores afirmam que, no total, existe um número superior a 10 bilhões de bactérias em nosso corpo, divididas em mais de 200 espécies diferentes. A grande maioria vive no interior do organismo, em que a temperatura é mais ou menos estável e o alimento é abundante. Elas preferem os lugares em que é fácil encontrar comida: dentes, garganta e sistema digestório. [...]

Ciência Hoje das Crianças. Disponível em: <http://chc.org.br/o-condominio-chamado-corpo-humano/>. Acesso em: 11 abr. 2019.

1 Todas as bactérias são prejudiciais a nosso corpo. Você concorda com essa afirmativa? Justifique.

2 Justifique o título do texto: "O condomínio chamado corpo humano".

Você provavelmente conhece o iogurte, mas sabe como ele é produzido?

Material:

◆ 1 litro de leite integral do tipo A;

◆ 1 pote de iogurte natural (170 g) em temperatura ambiente;

◆ panela;

◆ fogão;

◆ espátula;

◆ colher;

◆ tigela de cerâmica ou de vidro grande;

◆ recipiente pequeno de cerâmica ou de vidro;

◆ filme de PVC;

◆ pano grosso e limpo para embrulhar a tigela.

◎ **Olho vivo!**

Peça a um adulto que faça esta receita.

Procedimento

1. Preaqueça o forno a 240 °C por cerca de 15 minutos.

2. Durante o tempo em que o forno estiver aquecendo, coloque o leite em uma panela e leve-o ao fogo para aquecer por 11 minutos, até formar uma espuma, mexendo-o com a espátula.

3. Coloque o leite na tigela grande e deixe que esfrie até ficar morno, mexendo-o de vez em quando.

4. No recipiente pequeno, coloque o iogurte e misture-o com um pouco do leite morno até que ele se dissolva bem.

5. Misture o iogurte dissolvido ao restante do leite e tampe o recipiente com o filme de PVC.

Os tons de cores e a proporção entre os tamanhos das estruturas representadas não são os reais.

▶ Mulher prepara iogurte.

Ilustra Cartoon

6. Embrulhe o recipiente com um pano grosso e coloque-o dentro do forno preaquecido, porém desligado, deixando-o lá por 8 horas aproximadamente.

7. Após esse período, coloque a tigela na geladeira e deixe por 2 horas para que o iogurte fique bem firme.

8. Seu iogurte está pronto. É só experimentá-lo!

Com base nos resultados da atividade, responda às questões a seguir.

1 Qual utilidade dos microrganismos você pôde verificar na atividade?

2 Qual microrganismo possibilitou a produção do iogurte?

Fungos microscópicos e suas utilidades

Assim como as bactérias, os fungos podem causar doenças. No entanto, eles são muito úteis tanto na decomposição da matéria orgânica quanto em outras situações. Observe alguns exemplos.

◆ Produção de alimentos, como pão e queijo

Fungos são responsáveis pela produção de queijos e por fazer a massa do pão crescer.

▶ A produção do queijo gorgonzola conta com o crescimento de fungos em seu interior.

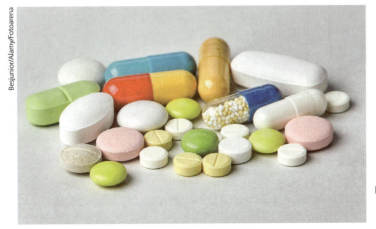

◆ Produção de antibióticos

Alguns fungos produzem substâncias capazes de matar bactérias. Essas substâncias são chamadas antibióticas e são usadas na produção de muitos medicamentos.

▶ Diferentes tipos de antibiótico.

◆ Produção de etanol

O etanol é usado como combustível de alguns carros. Ele é produzido por fungos que conseguem transformar o caldo da cana-de-açúcar em etanol.

As imagens não estão representadas na mesma proporção.

▶ Etanol em bomba de posto de combustível.

Atividades

1 Para completar as frases use as palavras do quadro a seguir.

> bactérias   fertilidade   esgoto

As imagens não estão representadas na mesma proporção.

a) As _____ podem causar doenças ou ser úteis.

b) As bactérias aumentam a _____ do solo.

c) Existem bactérias que atuam no tratamento do _____.

2 Escreva abaixo de cada imagem os benefícios trazidos pelos microrganismos para o ser humano ou para o ambiente.

Helena Zolotuhina/Shutterstock.com

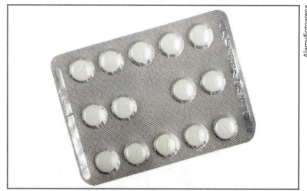

Alamy/Fotoarena

_____

_____

tacar/Shutterstock.com

Fabrizio Misson/Shutterstock.com

_____

_____

3 Leia o texto a seguir e responda às questões.

Uso correto de antibióticos

Antibióticos são substâncias capazes de eliminar ou impedir a multiplicação de bactérias, por isso são usados no tratamento de infecções bacterianas. Sua descoberta revolucionou a história da medicina, pois anteriormente muitas pessoas morriam em decorrência de diversos tipos de infecções. Atualmente, porém, o uso indiscriminado de antibióticos vem fazendo com que as bactérias se tornem resistentes aos tratamentos, gerando um grave problema no mundo todo.

[...]

O uso do antibiótico deve ser feito de forma correta. Esse tipo de medicamento só é vendido com receita médica, pois o uso indiscriminado pode levar ao aparecimento de bactérias resistentes.

Como o uso incorreto torna as bactérias resistentes?

Quando se inicia o uso de um antibiótico, o doente geralmente apresenta sintomas como dor e febre. Com a tomada das primeiras doses as bactérias mais frágeis começam a ser eliminadas e os sintomas melhoram. Se o paciente suspende o uso neste momento, as bactérias mais fortes que continuam vivas começam a se multiplicar novamente e os sintomas vão reaparecer. Como as novas bactérias são descendentes daquelas mais resistentes, é bem provável que o mesmo medicamento não cure mais esta infecção. [...]

Conselho Federal de Farmácia. *Biblioteca Virtual em Saúde*. Disponível em: <http://bvsms.saude.gov.br/bvs/dicas/218_uso_antibioticos.html>. Acesso em: 6 abr. 2019.

a) Qual microrganismo os antibióticos possibilitam eliminar? _____

b) Qual microrganismo é utilizado na produção de antibióticos? _____

c) Qual a importância da descoberta dos antibióticos?

_____

_____

d) Por que não se deve interromper o uso de um antibiótico nem tomá-lo por tempo e em doses inadequadas?

_____

_____

Contaminação por microrganismos e vermes

Os itens dessas imagens não estão representados na proporção real.

Cuide da saúde!

Ao fazer a segunda ilustração, o desenhista alterou a imagem e corrigiu quatro atitudes erradas que havia desenhado. Você é capaz de identificá-las?

1 Quais situações mostradas na primeira imagem podem ser prejudiciais a nossa saúde?

Modos de contaminação por microrganismos

A atividade da página anterior mostrou algumas situações que devemos evitar, pois favorecem a transmissão e o desenvolvimento de microrganismos que podem provocar doenças.

Existem vários tipos de microrganismo, mas sabe como eles podem ser transmitidos?

Os tons de cores e a proporção entre os tamanhos das estruturas representadas não são os reais.

Ilustrações: Karla Faria

▶ O vírus da gripe é transmitido principalmente por meio do ar.

▶ Andar descalçado aumenta as chances de contaminação por microrganismos.

▶ Há doenças que são transmitidas pelo contato com pessoas já afetadas por elas.

O tétano é uma doença causada por uma bactéria encontrada na poeira ou em solos e objetos contaminados. Essa bactéria penetra no organismo através de machucados na pele.

A sarna ou escabiose é causada por um **ácaro** transmitido pelo contato com uma pessoa doente ou pelo uso de roupas contaminadas.

A dengue é uma doença causada por um tipo de microrganismo transmitido pela picada da fêmea do mosquito *Aedes aegypti*. Os sintomas são: vermelhidão pelo corpo e dores de cabeça, atrás dos olhos, na musculatura e nas articulações.

Além da dengue, o *Aedes aegypti* transmite outras doenças, como zika, febre amarela e chikungunya.

Locais com água parada servem como criadouros do mosquito. Neles as fêmeas colocam seus ovos, que se desenvolvem em novos mosquitos. Portanto, a principal forma de combater essas doenças é eliminar os criadouros do mosquito.

Glossário

Ácaro: animal pequeno só visível ao microscópio.

AlamyFotoarena

1 cm

▶ A fêmea do mosquito *Aedes aegypti* no momento em que pica uma pessoa.

Carlos Chagas – Um grande pesquisador brasileiro

Em 1907, Carlos Chagas foi para Minas Gerais auxiliar no combate à malária, uma doença que atingia os operários que trabalhavam na construção de uma estrada de ferro. Lá, ele identificou um microrganismo (protozoário) causador de uma grave doença em seres humanos. Por isso, esse mal acabou recebendo o nome de doença de Chagas.

A doença de Chagas afeta principalmente o fígado e o coração, e é transmitida por meio das fezes de um inseto de hábitos noturnos, popularmente chamado de barbeiro. Ele se alimenta do sangue das pessoas, geralmente à noite, e ao sugar o sangue, elimina as fezes no local. A picada causa coceira, e a pessoa, ao coçar-se, facilita a penetração do protozoário no corpo através da pele.

2 cm

Eco Images/Universal Images Group/Getty Images

▶ Inseto transmissor da doença de Chagas, conhecido por barbeiro, coletado para pesquisa no Instituto Oswaldo Cruz, visto por meio de lupa.

Usam-se, atualmente, inseticidas contra o barbeiro, mas o principal a ser feito é melhorar as condições de moradia da população. As habitações precárias favorecem a proliferação do inseto, principalmente as casas feitas de barro, já que ele se aloja em pequenos buracos nas paredes.

1 Como Carlos Chagas contribuiu para a saúde da população brasileira?

2 Por que é importante conhecer a forma de transmissão de uma doença?

3 Um governante decidiu substituir todas as moradias feitas de barro por casas de alvenaria, com abastecimento de água tratada e coleta e tratamento de esgoto. Como isso contribuiu para a saúde dos cidadãos? Justifique sua resposta.

Atividades

1 Ficar em ambientes pouco ventilados e com muitas pessoas é uma atitude adequada considerando a forma de transmissão do vírus da gripe? Por quê?

_____

_____

2 Assinale as doenças que o *Aedes aegypti* pode transmitir.

☐ dengue   ☐ doença de Chagas   ☐ pneumonia

☐ chikungunya   ☐ zika   ☐ febre amarela

3 Observe a cena a seguir e faça o que se pede.

Flip Estúdio

a) Considerando o combate à dengue, circule as atitudes que devem ser evitadas.

b) Assinale um **X** nas atitudes corretas relacionadas ao combate ao *Aedes aegypti*.

c) Por que essas medidas auxiliam no combate ao mosquito?

Os vermes e nossa saúde

Você já ouviu várias vezes que devemos lavar bem as mãos antes de comer e depois de ir ao banheiro. Esse hábito simples de higiene pode evitar que fiquemos doentes. Isso porque, ao lavarmos bem as mãos, eliminamos os microrganismos presentes nelas que podem causar doenças, como as verminoses.

Verminoses são doenças causadas por vermes, animais de corpo mole e alongado. Alguns vermes são **parasitas**, isso significa que se alojam dentro de outro ser vivo, seu **hospedeiro**, e retiram dele os nutrientes de que precisam para se desenvolver.

Uma vez dentro do organismo humano, eles podem causar fraqueza, dores abdominais e comprometer muitos órgãos, como intestino, coração e cérebro.

A **lombriga** é um verme parasita que se aloja no intestino das pessoas. A contaminação ocorre pela ingestão de ovos desse verme presentes em água e alimentos que foram contaminados pelo contato com os resíduos das fezes de indivíduos infectados com a doença.

As imagens não estão representadas na mesma proporção.

▶ A pessoa contaminada pela lombriga fica fraca, emagrece e pode ter dores no abdome.

25 cm

O **esquistossomo** é outro verme que pode se instalar na barriga das pessoas. A contaminação ocorre pela penetração da larva do verme na pele quando submersa em ambiente de água doce infestado pelas larvas do parasita. O caramujo **planorbídeo** é importante no ciclo da doença, pois é dentro dele que ocorre uma das fases de desenvolvimento do verme.

Glossário

Planorbídeo: pertencente a um grupo de espécies de caramujo que vive em ambientes de água doce.

▶ No destaque, a larva do verme causador da esquistossomose, com ampliação de 30 vezes, obtida de microscópio eletrônico e colorida artificialmente.

Prevenção às verminoses

Os tons de cores e a proporção entre os tamanhos dos seres vivos representados não são os reais.

Além de lavar as mãos depois de usar o banheiro e antes de comer qualquer alimento, outras atitudes são importantes para evitar a contaminação por verme.

▶ Impedir que as fezes humanas tenham contato com plantas, animais e água que possam vir a ser consumidos.

▶ Lavar muito bem frutas e verduras.

Ilustrações: Henrique Machado

▶ Comer somente carnes bem passadas.

▶ Beber somente água tratada, fervida ou filtrada.

▶ Andar sempre calçado, pois alguns vermes entram em nosso corpo através da pele.

▶ Consultar um médico se sentir fraqueza, dores na barriga, cansaço e inchaço no abdome.

Agora que você já aprendeu os cuidados para evitar verminoses, volte às imagens da abertura do capítulo e identifique se os personagens estão sujeitos a ter verminose e se estão fazendo algo de errado.

Atividades

1 Indique quais tipos de vermes, entre os estudados, você evitará se:

a) andar calçado – _____.

b) lavar bem as mãos – _____.

c) não colocar os pés em lagos desconhecidos, em especial naqueles em que há

caramujos – _____.

d) lavar bem os alimentos – _____.

2 Com o passar do tempo foram desenvolvidos remédios capazes de eliminar vermes do corpo humano. No entanto, se as pessoas continuam a viver em áreas sem infraestrutura sanitária adequada, a contaminação pode ocorrer novamente.

Observe o gráfico abaixo.

a) Que informação podemos obter pela leitura do gráfico?

b) Observando os dados do gráfico, você considera que é possível acabar com as verminoses? Caso responda que sim, qual seria uma solução?

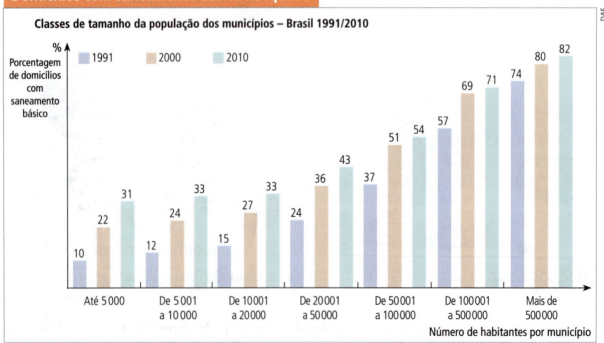

Domicílios com saneamento básico adequado

Classes de tamanho da população dos municípios – Brasil 1991/2010

▶ O gráfico em colunas mostra a comparação do número de domicílios com saneamento básico em três anos: 1991, 2000 e 2010.

Fonte: IBGE. *Censo demográfico 1991/2010.*

3 As verminoses, doenças que causam sérios danos à saúde humana, podem ser prevenidas. Assinale somente as ilustrações que mostram formas de prevenção contra essas doenças. Depois, pinte as assinaladas.

Ilustrações: Karina Faria

4 Analise as imagens a seguir e escreva no caderno uma história relatando o que aconteceu.

Ilustrações: Michel Borges

Cuidando da saúde

O que podemos usar para a limpeza do ambiente e a higiene pessoal?

Para manter nossa saúde precisamos, além de uma alimentação saudável e da prática de exercícios físicos, cuidar da higiene do corpo e da limpeza do ambiente.

1 Encontre na ilustração alguns objetos que nos auxiliam nesta tarefa.

> As proporções entre as estruturas representadas não são as reais.

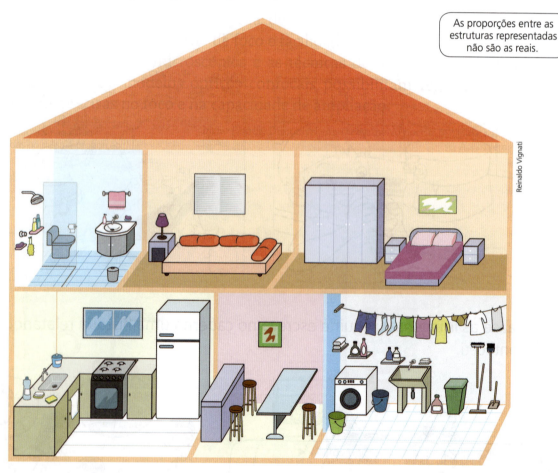

Reinaldo Vignati

a) Você considera importante cuidar da higiene pessoal? Por quê?

b) Que objetos você encontrou? Quais você usa para a higiene pessoal e quais usa para a higiene do ambiente?

Hábitos de higiene

Estamos sempre em contato com microrganismos, como você pôde perceber conhecendo algumas doenças causadas por eles. Mas como podemos evitá-los?

A higiene pessoal e dos ambientes onde vivemos é muito importante para prevenir doenças e manter nossa saúde. A higiene pessoal retira as impurezas que ficam no corpo e elimina microrganismos que podem causar doenças; já a higiene dos ambientes os mantém limpos e com menos impurezas.

Higiene pessoal

Veja algumas maneiras de cuidar da higiene do corpo.

É muito importante lavar as mãos antes das refeições e, principalmente, após usar o banheiro, para retirar microrganismos causadores da diarreia ou ovos de vermes que podem causar várias outras doenças.

Para impedir o acúmulo de microrganismos e sujeira embaixo das unhas, elas precisam estar sempre cortadas e limpas.

A roupa não precisa ser nova, mas deve estar limpa. Isso inclui trocar a cueca ou a calcinha todos os dias após o banho e, claro, não esquecer que meia suja aumenta o cheiro de chulé!

Com o banho é possível retirar a sujeira que fica grudada na pele e nos cabelos.

Ilustrações: Karina Faria

Glossário

Diarreia: eliminação de fezes líquidas. A perda de líquidos pode ser muito prejudicial ao organismo.

Higiene do ambiente

A limpeza e o cuidado com o ambiente, equipamentos e utensílios são importantes para tornar um espaço agradável e deixá-lo em condições favoráveis à saúde, pois essas atitudes diminuem a chance de abrigar seres causadores e transmissores de doenças.

Veja a seguir alguns cuidados para melhorar o ambiente em que vivemos.

Manter a casa limpa e arejada.

Ao usar transporte público, manter algumas janelas abertas para ventilar o ambiente. Não se esqueça de lavar as mãos após usá-lo.

Armazenar e preparar os alimentos de forma adequada, evitando a contaminação.

Evitar deixar água parada, na qual mosquitos como o *Aedes aegypti* podem colocar seus ovos.

Manter o lixo fechado para não atrair ratos, baratas e moscas, que podem transmitir doenças.

Os animais de estimação são muito fofos, mas podem transmitir doenças. É importante sempre higienizar o local em que estão as fezes e a urina deles, além de recolher os pelos soltos pela casa. Não durma com o animal em sua cama nem dê beijos nele.

Ilustrações: Michel Borges

Combater o mosquito *Aedes aegypti* é responsabilidade de todos nós. Além das campanhas publicitárias promovidas pelo governo, com cartazes, outra ação governamental refere-se ao trabalho dos agentes comunitários de saúde. Eles vão à casa das pessoas para verificar se lá existem locais que servem de criadouro para o mosquito. Esses profissionais também são preparados para informar a população sobre os sintomas das doenças transmitidas pelo mosquito.

Victor Moriyama/Getty Images

▶ Agente comunitária de saúde verifica se há criadouros do mosquito *Aedes aegypti* em uma residência.

Apesar dos riscos das doenças transmitidas pelo *Aedes aegypti*, algumas pessoas não colaboram para a eliminação dos criadouros e impedem o acesso dos agentes comunitários de saúde aos locais, colocando em risco a saúde de toda a população.

1 Converse com os colegas e o professor sobre as questões a seguir.

a) Qual é a importância do trabalho dos agentes comunitários de saúde?

b) Como você avalia a atitude das pessoas que não permitem o acesso dos agentes comunitários de saúde às residências?

c) Que cuidados devemos tomar ao deixar uma pessoa desconhecida entrar em nossa casa?

d) Qual é o papel de cada um de nós no combate ao mosquito?

e) Se você mantiver sua casa e o quintal limpos e o vizinho não fizer o mesmo na casa dele, o problema será resolvido?

f) Em sua casa, você e sua família procuram eliminar os criadouros do *Aedes aegypti* ou de outros mosquitos? Como?

1 Em quais momentos devemos lavar as mãos?

_____

_____

2 Ligue cada atitude a uma doença que ela pode evitar.

a) Lavar bem as mãos.

dengue

b) Não deixar água parada.

gripe

c) Evitar contato da pele machucada com poeira, solo ou objetos contaminados.

sarna

d) Evitar contato com a parte do corpo atingida pela doença em outra pessoa.

tétano

3 Observe as imagens a seguir e escreva uma legenda que explique a importância dessas atitudes para combater doenças e manter a limpeza pessoal e ambiental.

_____   _____

_____   _____

_____   _____

A vacinação previne doenças

A vacinação é uma forma muito eficaz de prevenir doenças. Crianças, adolescentes, adultos e idosos precisam tomar vacinas, como as que combatem o tétano, a hepatite, a gripe e a pneumonia.

Ela estimula o corpo a criar defesas contra o microrganismo causador de determinada doença. A memória dessas defesas permanece no organismo, e isso fornece proteção, caso no futuro ocorra o contato com o agente causador da doença.

Glossário

Imunizar: tornar o corpo capaz de criar defesas contra uma doença.

A vacina é sempre preventiva, ou seja, deve ser tomada antes que a doença apareça. É importante saber que ela protege a pessoa somente contra as doenças para as quais é indicada.

As campanhas de vacinação são feitas com o objetivo de **imunizar** o maior número possível de pessoas contra uma doença, para controlá-la ou combatê-la.

Ministério da Saúde

▶ Campanha de vacinação contra a gripe realizada em 2015.

◆ Algumas pessoas têm medo de ser vacinadas porque não gostam de tomar injeção ou desconhecem os benefícios da vacinação. O que você diria a essas pessoas?

Como a vacina foi descoberta

▶ Constant Joseph Desbordes. *Barão Jean Louis Alibert realizando vacinação contra a varíola no castelo de Liancourt*, 1820. Óleo sobre tela, 62 cm × 49 cm.

Glossário

Atenuado: reduzido, diminuído; no caso, significa que não tem o poder de causar a doença.

Você sabia que no passado muitas pessoas morriam por doenças que hoje em dia são prevenidas com a aplicação das vacinas?

No século XVIII, a varíola era uma das doenças contagiosas que mais matavam o ser humano. Ela deixava feridas na pele em razão das bolhas que se distribuíam pelo corpo todo. No entanto, o médico inglês Edward Jenner percebeu que as mulheres que ordenhavam vacas não desenvolviam a doença, e isso o deixou muito intrigado. Foi então que ele começou a investigar e descobriu que as vacas tinham, próximo às tetas, feridas semelhantes às da varíola. Ele deduziu que essa doença que atacava as vacas poderia ser uma forma amenizada da varíola que atingia os seres humanos. Após fazer experimentos, ele concluiu que as mulheres que ordenhavam as vacas não ficavam doentes porque tinham contato com um tipo de microrganismo parecido – mas **atenuado** – com o que contaminava os seres humanos, o que estimulava o organismo delas a desenvolver defesas que impediam a manifestação da doença. O nome vacina – do latim *vaccinae*, que significa "da vaca" – vem dessa descoberta.

As vacinas atuais são produzidas com um líquido que pode conter o microrganismo – vírus ou bactéria – morto, atenuado ou em fragmentos. Quando uma pessoa toma uma vacina, esses agentes entram no organismo e são reconhecidos como não pertencentes ao corpo, por isso as defesas são estimuladas e impedem que a doença se desenvolva.

1 Você considera a descoberta de Edward Jenner importante? Justifique.

2 Contra qual doença Edward Jenner criou a primeira vacina?

3 Hoje a varíola é considerada uma doença erradicada, ou seja, não existe mais. E no passado, também era assim? Por quê?

Atividades

1 Leia o texto e responda às questões.

Em 1904, houve uma grande ocorrência de varíola, doença causada por um vírus. Para conter o surto, o governo da época passou a obrigar as pessoas a se vacinarem.

Como não tinham informações adequadas a respeito de como a vacina funcionava, muitas se negaram a tomá-la. Houve, então, a chamada Revolta da Vacina, com bastante confusão e quebra-quebra no Rio de Janeiro. Mesmo assim, várias pessoas foram vacinadas e o aumento excessivo dos casos de varíola teve fim.

Coleção particular

▶ Charge publicada em 1904 sobre a Revolta da Vacina, reação popular à campanha de vacinação obrigatória.

Muitos anos depois, decidiu-se que obrigar as pessoas a se vacinarem não era o melhor caminho. Foram, então, criadas as campanhas de vacinação.

a) Por que algumas pessoas se negaram a tomar a vacina em 1904?

_____

b) Você tem receio de tomar vacina?

_____

c) Por que é importante motivar as pessoas a serem vacinadas?

_____

2 Recorte e monte o dado da página 189, na seção **Encartes**. Depois de pronto, reúna-se com um colega. Um de cada vez joga o dado e escreve uma frase sobre o assunto sorteado. Os números nas faces representam pontos. Quem não escrever a frase, não somará os pontos da face sorteada. Ganha o jogo quem primeiro somar 20 pontos.

Saneamento básico

Serviços a favor da saúde

Cuidados individuais são importantes para preservar a saúde, assim como ações coletivas de **saneamento básico** – por exemplo, as governamentais –, que visam contribuir para a saúde da população em geral.

1 Circule e enumere os elementos da imagem que ilustram os três serviços fundamentais para o saneamento básico de uma cidade: **1** tratamento de esgoto; **2** tratamento de água; **3** coleta de lixo.

Glossário

Saneamento básico: conjunto de medidas que visam à saúde da população, incluindo fornecimento de água de qualidade, tratamento de esgoto e destino adequado ao lixo.

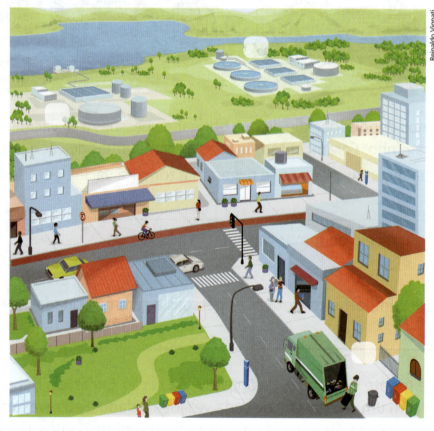

Reinaldo Vignati

▶ Representação que mostra os três serviços essenciais para o saneamento básico de uma cidade: o tratamento de água, o tratamento de esgoto e a coleta de lixo.

As proporções entre as estruturas representadas não são as reais.

2 Como a oferta desses serviços contribui para a saúde das pessoas?

Como tratar a água?

Você já sabe que a água, antes de ser utilizada, deve ser filtrada, fervida ou tratada. Mas como é o tratamento da água? Qual é o caminho que ela percorre até sair pela torneira de sua casa?

Em muitos locais há estações de tratamento, nas quais a água passa por várias etapas até tornar-se adequada ao consumo humano, como mostra o esquema a seguir.

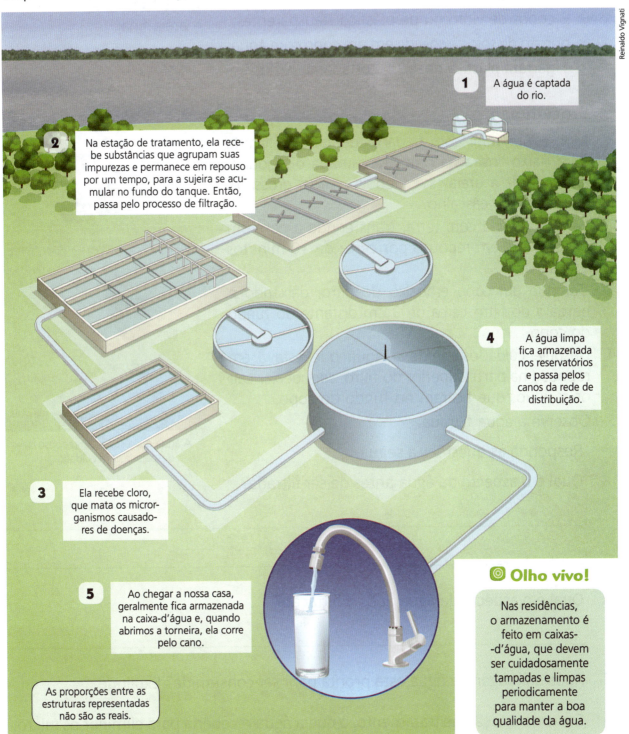

Reinaldo Vignati

1 A água é captada do rio.

2 Na estação de tratamento, ela recebe substâncias que agrupam suas impurezas e permanece em repouso por um tempo, para a sujeira se acumular no fundo do tanque. Então, passa pelo processo de filtração.

3 Ela recebe cloro, que mata os microrganismos causadores de doenças.

4 A água limpa fica armazenada nos reservatórios e passa pelos canos da rede de distribuição.

5 Ao chegar a nossa casa, geralmente fica armazenada na caixa-d'água e, quando abrimos a torneira, ela corre pelo cano.

As proporções entre as estruturas representadas não são as reais.

◎ Olho vivo!

Nas residências, o armazenamento é feito em caixas-d'água, que devem ser cuidadosamente tampadas e limpas periodicamente para manter a boa qualidade da água.

▶ Representação das etapas de tratamento da água.

O que ocorre nas etapas de tratamento da água?

Material:

- peneira de chá;
- 2 copos de vidro ou de plástico transparentes;
- porção de solo dissolvida em um copo com água;
- 1 garrafa plástica de 1,5 L cortada ao meio;
- algodão;
- areia fina;
- areia grossa;
- cascalho.

◎ Olho vivo!

Peça a um adulto que corte a garrafa.

Procedimento

1. Monte um funil com a parte do gargalo virada para baixo. Insira na primeira camada o algodão, em seguida a areia fina, depois a areia grossa e, por último, o cascalho.
2. Peneire a água com terra, transferindo-a para um copo. Deixe em repouso por cerca de 10 minutos e observe.
3. Coloque um copo embaixo do filtro, deixando o gargalo do filtro cerca de 3 cm distante do fundo do copo.
4. Despeje cuidadosamente a água que estava em repouso na parte superior do filtro, sem deixar cair os resíduos que ficaram no fundo do copo.
5. Observe a água filtrada.

▶ A água que estava em repouso deve ser despejada com cuidado.

Responda às questões a seguir.

1 Qual é o aspecto da água antes de ser filtrada?

_____

_____

2 Qual é o aspecto da água após a filtração?

_____

3 Após a filtragem, a água está pronta para ser consumida? Explique.

4 Em uma estação de tratamento, o que a água receberia para eliminar os microrganismos causadores de doenças?

Como tratar o esgoto?

O **esgoto** é constituído de urina, fezes e outros resíduos produzidos nas residências, indústrias, comércio etc., por exemplo, restos de comida e detergente.

Esse material não pode ser despejado diretamente na natureza, pois poluirá e contaminará o ambiente.

Em locais em que há coleta e tratamento, o esgoto é coletado das residências por um sistema de tubulação e levado à estação de tratamento.

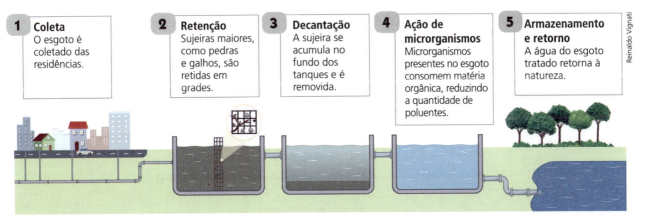

1 Coleta
O esgoto é coletado das residências.

2 Retenção
Sujeiras maiores, como pedras e galhos, são retidas em grades.

3 Decantação
A sujeira se acumula no fundo dos tanques e é removida.

4 Ação de microrganismos
Microrganismos presentes no esgoto consomem matéria orgânica, reduzindo a quantidade de poluentes.

5 Armazenamento e retorno
A água do esgoto tratado retorna à natureza.

Reinaldo Vignati

▶ Esquema de estação de tratamento de esgoto. Nessas estações, a água do esgoto passa por vários processos de limpeza até retornar à natureza, sem prejudicá-la.

Infelizmente, não há coleta e tratamento adequado de esgoto em todos os lugares. Nesse caso, o mais aconselhável é a construção, nas residências, de compartimentos em que o esgoto possa ser despejado para se decompor com o tempo – as **fossas sépticas**.

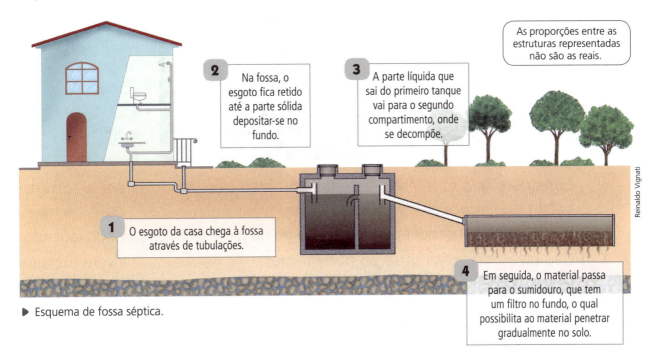

As proporções entre as estruturas representadas não são as reais.

1 O esgoto da casa chega à fossa através de tubulações.

2 Na fossa, o esgoto fica retido até a parte sólida depositar-se no fundo.

3 A parte líquida que sai do primeiro tanque vai para o segundo compartimento, onde se decompõe.

4 Em seguida, o material passa para o sumidouro, que tem um filtro no fundo, o qual possibilita ao material penetrar gradualmente no solo.

Reinaldo Vignati

▶ Esquema de fossa séptica.

Atividades

1 Complete o diagrama de palavras.

1. Ser muito pequeno que pode estar presente na água.

2. Possibilita retirar impurezas da água, porém não elimina substâncias tóxicas.

3. Local em que a água fica armazenada após tratada, antes de ser distribuída à população.

4. Substância que elimina os microrganismos da água.

```
                    P
 1 [ ][ ][ ][ ][ ] O [ ][ ][ ][ ][ ][ ][ ]
          2 [ ][ ] T [ ][ ][ ]
                    Á
 3 [ ][ ][ ][ ][ ][ ] V [ ][ ][ ][ ][ ]
                    E
              4 [ ] L [ ][ ]
```

2 Observe a fotografia e responda às questões oralmente, debatendo com os colegas.

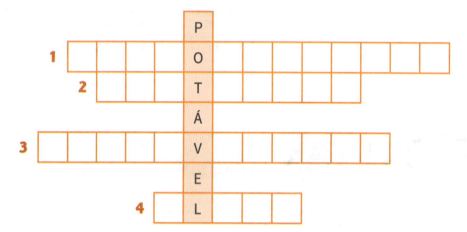

Vinícius Moraes/Fotoarena

▶ Tubulação despeja esgoto em rio. Vila Velha, Espírito Santo, 2016.

a) Considere que esse cano esteja despejando esgoto. Isso seria correto? Explique.

b) Quais são as consequências para o rio no qual o esgoto está sendo lançado?

c) Que problemas essa situação poderá causar às pessoas que vivem próximo desse local ou dependem da água desse rio?

3 Na página 191, na seção **Encartes**, há um jogo que envolve os assuntos estudados no tema saneamento básico. Organize o jogo e divirta-se com um colega.

O destino do lixo

Com o aumento da população, a produção de resíduos também cresceu e, em certos lugares, isso ocasionou acúmulo de resíduos, também chamado lixo.

Grande parte dos resíduos coletados no Brasil é descartada, a céu aberto, em locais chamados **lixões**. Nesses lugares, o lixo não recebe nenhum tratamento. Os lixões não são uma boa solução para esse problema, pois poluem o ambiente e o solo, exalam mau cheiro e atraem insetos e outros animais transmissores de doenças.

Uma lei brasileira estabelece que todas as cidades devem implantar **aterros sanitários**, uma forma mais adequada de lidar com o lixo. Nesses locais, o solo é **impermeabilizado** antes que o lixo seja colocado, o que reduz o dano ao ambiente. Em seguida, o lixo é depositado em camadas alternadas com terra, que evitam o mau cheiro e a proliferação de animais transmissores de doença.

▶ Lixão em São Félix do Xingu, Pará, 2016.

Glossário

Impermeabilizado: revestimento que não deixa passar líquidos, como a água.

> Os tons de cores e as proporções entre as estruturas representadas não são os reais.

camadas de terra

camadas de lixo

Canos por onde saem gases produzidos pelo lixo.

O líquido contaminante produzido pelo lixo é canalizado e tratado adequadamente.

solo impermeabilizado

▶ Esquema de aterro sanitário.

Reduzir, reutilizar... E aí sim reciclar

Reduzir:
[...]
• Evite pegar mais saquinhos do que os necessários no mercado.
  [...]
• Desligue a luz do ambiente onde não houver ninguém.
• Não ponha no prato mais do que você vai comer e não faça comida para jogar fora.
• Pesquise receitas de alimentos à base de cascas de frutas e de talos e folhas de verduras.

Reutilizar:
[...]
• Reaproveite envelopes, sacolas, papéis de embrulho, saquinhos de supermercado e embalagens.
• Conserte aparelhos elétricos ou mecânicos antes de comprar novos.
• Reforme roupas, calçados e móveis.
• Quando finalmente for repor objetos por novos, troque-os em brechós, sebos ou faça doações para outros utilizarem.

▶ Reduzir.   ▶ Reutilizar.   ▶ Reciclar.

wavebreakmedia/Shutterstock.com

Valorize os reciclados
É importante não ter preconceitos com os reciclados. Os negócios gerados a partir da reciclagem estão fazendo aparecer produtos similares aos que são feitos com matéria-prima virgem e merecem nossa atenção. Valorize e considere com carinho a aquisição de produtos reciclados. [...]

Ricardo Ricchini. Reduzir, reutilizar... E aí sim reciclar. *Setor reciclagem*.
Disponível em: <www.setorreciclagem.com.br/3rs/3r-s> Acesso em: 6 abr. 2019.

1 O que é feito com o lixo produzido em sua casa?

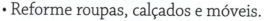
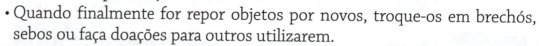

2 Escolha exemplos de redução de consumo de produtos e de reutilização de materiais e desenhe-os em uma folha avulsa. Depois, explique de que forma essas atitudes contribuem para a redução do volume de lixo produzido. O professor organizará o mural da sala de aula com a sua produção e a dos colegas.

Atividades

1 Observe as situações a seguir.

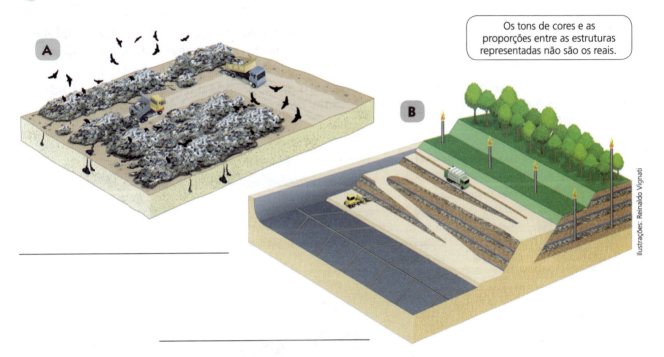

Os tons de cores e as proporções entre as estruturas representadas não são os reais.

Ilustrações: Reinaldo Vignati

a) Identifique acima qual imagem corresponde a um lixão e qual representa um aterro sanitário.

b) Que característica das imagens possibilitou a identificação do tipo de destino do lixo?

c) Qual das imagens mostra a forma mais adequada de lidar com o lixo? Por quê?

d) Quais são as desvantagens do lixão?

2 Todos nós podemos contribuir para a diminuição do lixo adotando atitudes como reduzir o desperdício de materiais e o consumo excessivo de embalagens. Pinte os quadradinhos com as frases que mostram algumas dessas atitudes.

a) ☐ Use a frente e o verso das folhas do caderno, até o final.

b) ☐ Só troque um produto por outro quando ele realmente não servir mais.

c) ☐ Escolha materiais reutilizáveis. Por exemplo, use um prato de vidro no lugar de um prato descartável.

d) ☐ Compre tudo o que você quiser sem pensar se é útil.

e) ☐ Conserte brinquedos velhos e doe aqueles que não usa mais.

119

Como eu vejo

Saneamento básico e saúde

Os tons de cores e as proporções entre as estruturas representadas não são os reais.

A diarreia é a eliminação de fezes líquidas e abundantes acompanhada de forte dor de barriga. O corpo da pessoa perde água, o que pode levar à morte em casos graves ou não tratados de forma adequada.

As maiores vítimas de diarreia são crianças de 0 a 5 anos. Grande parte das doenças citadas a seguir, poderia ser evitada se as pessoas afetadas tivessem acesso a boas condições de saneamento básico.

Veja algumas das principais doenças que causam diarreia e estão ligadas à falta de saneamento básico:

Cólera	causada pela bactéria *Vibrio cholerae*
Febre tifoide	causada pela bactéria *Salmonella typhi*
Giardíase	causada pelo protozoário *Giardia lamblia*
Amebíase	causada pelo protozoário *Entamoeba histolytica*
Hepatite A	causada pelo vírus da hepatite A
Rotavirose	causada pelo rotavírus

ktsdesign/Shutterstock

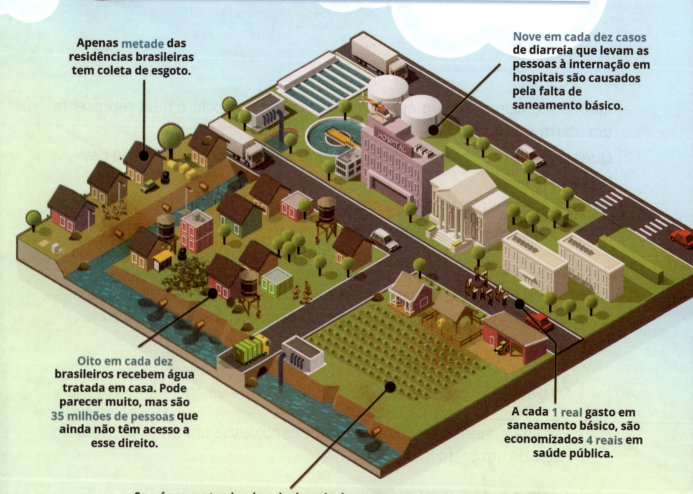

Apenas metade das residências brasileiras tem coleta de esgoto.

Nove em cada dez casos de diarreia que levam as pessoas à internação em hospitais são causados pela falta de saneamento básico.

Oito em cada dez brasileiros recebem água tratada em casa. Pode parecer muito, mas são 35 milhões de pessoas que ainda não têm acesso a esse direito.

A cada 1 real gasto em saneamento básico, são economizados 4 reais em saúde pública.

Se a água contaminada pelo despejo de esgoto sem tratamento nos rios for utilizada para irrigar as lavouras, ela pode contaminar os alimentos cultivados, como verduras e legumes. Ao ingerir esses alimentos a pessoa fica doente.

Joã Souza / Futura Press

Pessoas pegando água no Açude da Pedra Mole, localizado na área da Fazenda Experimental da Prefeitura Municipal de Vitória da Conquista, Bahia, 2014.

A falta de saneamento básico é um grande problema de saúde pública. As pessoas doentes não desempenham bem suas funções na sociedade, como estudar e trabalhar.

É responsabilidade dos governos investir no saneamento básico das cidades. Os cidadãos devem exigir seus direitos, cobrando os governantes.

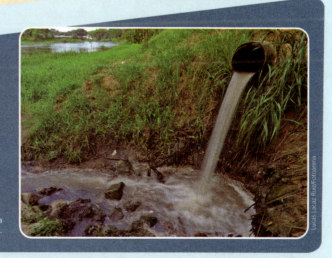

Lucas Lacaz Ruiz/Fotoarena

Esgoto a céu aberto no Rio Paraíba do Sul. Jacareí, São Paulo, 2014.

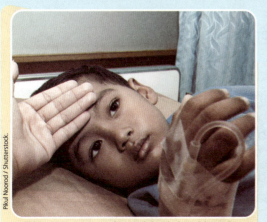

Pikul Noorod / Shutterstock.

Criança toma soro no hospital devido à desidratação causada por diarreia.

Se as pessoas consumirem água contaminada sem tratamento também podem adoecer. O acesso à água limpa e segura para o consumo e as demais medidas de saneamento básico são direitos humanos fundamentais.

Marque um X no quadro de acordo com o tipo de agente causador de cada uma das doenças.

DOENÇA	TIPO DE AGENTE CAUSADOR		
	Vírus	Bactéria	Protozoário
Hepatite A			
Amebíase			
Febre tifoide			
Giardíase			
Rotavirose			
Cólera			

1. Converse com pessoas de sua convivência familiar e pergunte se a residência de vocês é abastecida com água tratada e se tem coleta de esgoto.

2. Em sua opinião, qual é a importância do saneamento básico?

Como eu transformo

Divulgar as condições de saneamento

 Matemática Geografia Língua Portuguesa

O que vamos fazer?

A divulgação de um documento com informações sobre a situação de saneamento básico da cidade.

Para que fazer?

Para que as pessoas da escola conheçam a situação das condições sanitárias do local onde vivem.

Com quem fazer?

Com os colegas, o professor e as pessoas da comunidade.

Como fazer?

1 Façam uma pesquisa para obter as seguintes informações:

- ◆ Há tratamento de água em sua cidade? E de esgoto?
- ◆ O bairro onde você mora recebe água tratada? E os demais?
- ◆ Há tratamento de esgoto em sua cidade? Se não houver, para onde ele é destinado?
- ◆ Há coleta de lixo?
- ◆ O lixo coletado é destinado a aterros sanitários ou a lixões?
- ◆ Há coleta seletiva de lixo?

2 Confeccionem um documento com todas as informações que encontrarem.

3 Agora, vocês irão pesquisar se a população do bairro da escola conhece as condições de saneamento básico do local. Planeje essa pesquisa com o professor. Decidam quem serão os entrevistados e como vocês registrarão as respostas. Depois, formulem as perguntas e saiam a campo!

4 Organizem as informações obtidas com o professor para avaliar o quanto as pessoas sabem a respeito das condições de saneamento básico da cidade.

5 Encaminhem para todas as pessoas entrevistadas o documento que vocês produziram com as informações sobre saneamento básico.

Você considera importante conhecer as condições de saneamento básico do local em que vive? Por quê?

Combate à dengue

1 Nessa história, a personagem Mônica realiza algumas ações para evitar que o mosquito transmissor da dengue se desenvolva. Essas ações evitam apenas a dengue? Justifique.

_____

_____

2 Cascão, o outro personagem dessa história, vive fugindo de banho, pois não gosta da água. Por que ele acha que as atitudes e a fala da Mônica lhe dão razão? Você concorda com a conclusão do Cascão?

3 Pesquise, com os colegas, atitudes que previnem outras doenças. Depois, elaborem uma história em quadrinhos com essas informações e combinem com o professor um modo de divulgar a criação de vocês.

1 Leia o texto, discuta-o com os colegas e o professor e depois responda às questões.

Sacos de supermercado, garrafas de refrigerante, vasilhas e brinquedos são só alguns dos incontáveis objetos que podem ser feitos de plástico. E quem aí sabe qual é a matéria-prima desse material? Se alguém respondeu petróleo, acertou em parte...

Há um plástico diferente que é produzido por bactérias. Ele é biodegradável – ou seja, decompõe-se com grande facilidade, desaparecendo do meio ambiente em cerca de doze meses, tempo muito menor do que o plástico convencional, que pode levar centenas de anos para ser decomposto.

[...]

O plástico biodegradável tem muitas utilidades: pode ser usado na fabricação de embalagens para produtos de limpeza, higiene, cosméticos e medicamentos, entre outros. [...]

A grande vantagem do plástico biodegradável é reduzir a poluição do meio ambiente. Enquanto o plástico comum depende de uma fonte que pode acabar (o petróleo) e se acumula, sujando rios, lagos e terrenos, o bioplástico desaparece da natureza com rapidez e é produzido a partir de uma fonte que se desenvolve com facilidade (as bactérias). [...]

Ednéa Oliveira de Abreu. Fábrica inusitada. *Ciência Hoje das Crianças*, 19 fev. 2014. Disponível em: <http://chc.org.br/fabrica-inusitada>. Acesso em: 6 abr. 2019.

▶ O plástico é matéria-prima de diversos tipos de embalagem, desde itens para higiene pessoal até produtos de limpeza.

a) Que ser vivo é responsável por produzir o plástico biodegradável?

b) Escreva dois outros benefícios desse ser vivo.

c) Qual é a vantagem, para o meio ambiente, do uso do plástico biodegradável em relação ao comum?

2 Pinte o instrumento usado para observar microrganismos.

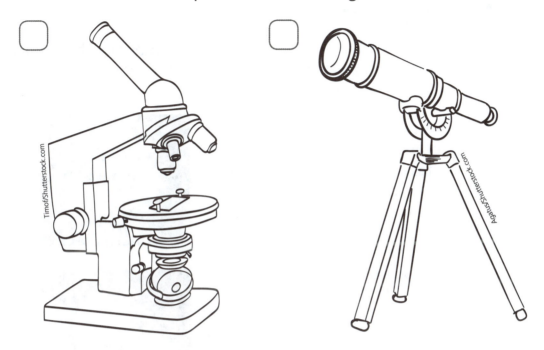

3 Associe os instrumentos da questão anterior às suas respectivas funções.

◯ Usado para observar objetos distantes, como planetas.

◯ Usado para ampliar imagens de materiais e seres extremamente pequenos.

4 Complete o diagrama de palavras.

1. Formado por urina, fezes e outros resíduos produzidos nas residências, indústrias, comércio etc.

2. Forma muito eficaz de prevenir doenças.

3. Antes de comprar um produto, deve-se pensar se ele lhe vai ser...

4. Em locais onde não há estação de tratamento, a água, antes de ser consumida, deve ser filtrada e…

5. Local em que o lixo é colocado em camadas alternadas com terra.

		S												
1		S												
2		A												
3		Ú												
4		D												
5		E		*										

❖ Os microrganismos estão em toda parte e podem tanto trazer benefícios quanto prejuízos às pessoas ou ao ambiente. Bactérias, vírus, protozoários e fungos são exemplos de microrganismos, que podem ser vistos com o uso de microscópios.

❖ Existem muitos microrganismos que trazem benefícios, por exemplo: bactérias que produzem alimentos e que são importantes para a fertilização do solo; fungos que são usados na produção de queijos e de antibióticos.

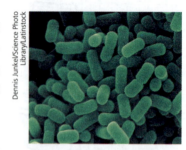

▶ Lactobacilos presentes no organismo de animais como o ser humano, conforme visto na página 91.

Dennis Junkel/Science Photo Library/Latinstock

❖ Há várias formas de contaminação por microrganismos, por exemplo, por meio de insetos, das mãos (contato), de roupas e mesmo pelo ar.

▶ Inseto transmissor da doença de Chagas, conforme visto na página 98.

Eco Images/Universal Images Group/ Getty Images

❖ É importante cuidar da higiene pessoal e do ambiente para a prevenção de doenças causadas por microrganismos.

❖ São medidas de saneamento básico o tratamento de água, de esgoto e de lixo. A água deve ser tratada ou, em locais onde não há estação de tratamento, filtrada e fervida antes do consumo.

wavebreakmedia/Shutterstock.com

❖ O lixo, muitas vezes, é colocado em lixões, que prejudicam o ambiente. Quando destinado aos aterros sanitários, ele recebe tratamento adequado. Redução, reutilização e reciclagem são medidas adequadas em relação ao lixo.

▶ Reduzir, reutilizar e reciclar, conforme visto na página 118.

Para finalizar, responda:

▶ De que forma podemos cuidar de nossa saúde?

▶ Que benefícios os microrganismos podem trazer para outros seres vivos? E para a produção industrial?

▶ De que forma os microrganismos podem ser prejudiciais às pessoas?

▶ Qual é a importância do saneamento básico?

Livros

▶ **A higiene**, de Françoise Rastoin-Faugeron. São Paulo: Escala Educacional, 2008.

Aborda importantes práticas de higiene e hábitos saudáveis por meio de brincadeiras e adivinhações.

▶ **Reciclagem: A aventura de uma garrafa**, de Mick Manning e Brita Ganström. São Paulo: Ática, 2008.

Acompanha a trajetória do lixo quando é descartado de forma incorreta e explica os processos e a importância da reciclagem.

▶ **Reciclino – Faminto por reciclagem**, de Patrícia Engel Secco. São Paulo: Melhoramentos, 2012.

Conta o caso de dois irmãos que encontram um ovo no quintal. Desse ovo, nasce um dinossauro faminto por reciclagem.

Sites

▶ **Lavar as mãos:** <http://cmais.com.br/castelo/lavar-as-maos>.
Apresenta um animado vídeo musical a respeito desse hábito.

▶ **Jogo lixo legal:** <www.cempre.org.br/jogolixolegal>.
Jogo de tabuleiro *on-line* sobre lixo.

Visitação

▶ **Estação de tratamento de água Guariroba.** Campo Grande, Mato Grosso do Sul.

A estação conta com um programa que permite a visitação às suas unidades, como as estações de tratamento de água e as estações de tratamento de esgoto. Mais informações em: <www.aguasguariroba.com.br/visite-aguas-guariroba>.

▶ **Guia de Centros e Museus de Ciências do Brasil – 2015**

Para outros museus brasileiros, consulte: <www.casadaciencia.ufrj.br/Publicacoes/guia/Files/guiacentrosciencia2015.pdf>.

Materiais e suas transformações

Fabiana Salomão

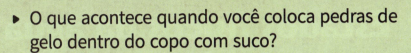

- O que acontece quando você coloca pedras de gelo dentro do copo com suco?

- Que alimentos estão sendo produzidos? Depois de prontos, os ingredientes usados poderão ser recuperados, como eram antes?

Os tons de cores e a proporção entre os tamanhos dos seres vivos representados não são os reais.

Estados físicos da água e suas mudanças

Trilha com os estados físicos da água

Convide um colega para participar do jogo. Vocês precisarão de duas bolinhas de papel de cores diferentes e de um dado. O jogador que cair em uma casa com imagem deve identificar o estado físico da água e seguir as instruções do texto. O jogo termina quando um dos participantes chegar primeiro no final da trilha.

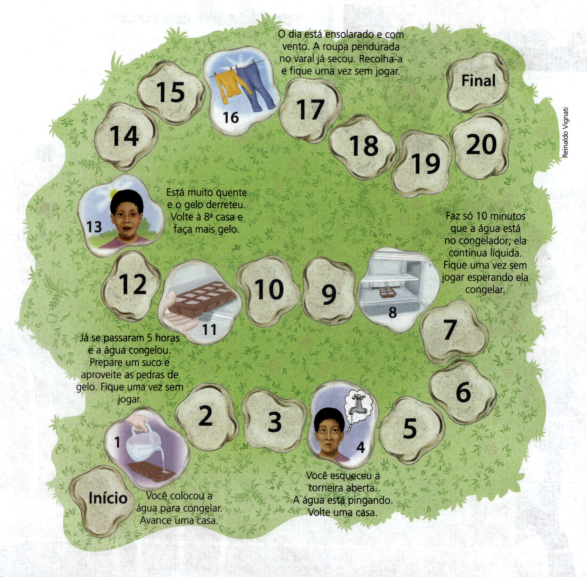

Reinaldo Vignati

O dia está ensolarado e com vento. A roupa pendurada no varal já secou. Recolha-a e fique uma vez sem jogar.

Está muito quente e o gelo derreteu. Volte à 8ª casa e faça mais gelo.

Faz só 10 minutos que a água está no congelador; ela continua líquida. Fique uma vez sem jogar esperando ela congelar.

Já se passaram 5 horas e a água congelou. Prepare um suco e aproveite as pedras de gelo. Fique uma vez sem jogar.

Você colocou a água para congelar. Avance uma casa.

Você esqueceu a torneira aberta. A água está pingando. Volte uma casa.

1 Em quais estados físicos a água aparece nos textos acima?

Será que a mudança de estado físico da água – de vapor para líquido – pode ser facilmente percebida?

◎ **Olho vivo!**

Tome cuidado para não se queimar com a água quente ou com o copo de vidro.

Material:

- um copo transparente;
- chaleira com água quente;
- um pires;
- quatro pedras de gelo.

Procedimento

1. O professor vai encher um pouco mais da metade do copo que está sobre a bancada com água aquecida.
2. Cubra o copo com o pires.
3. Coloque o gelo sobre o pires e aguarde dois minutos.
4. Observe o que ocorreu na parede interna do copo e na superfície de baixo do pires.

▶ Alunos observam a montagem do experimento.

Com base nos resultados, responda às questões a seguir.

1 O que você observou nas paredes do copo e na parte de baixo do pires?

2 Converse com o professor por que isso aconteceu.

3 Nesse experimento, a água estava presente nos três estados físicos. Quais são eles?

4 O que aconteceu com o gelo? Por quê?

A água e seus estados físicos

Em quais locais a água pode ser encontrada na natureza? Lembre-se de alguns deles. Apesar de nosso planeta ser chamado de Terra, a maior parte da superfície dele é coberta de água.

A água é uma substância muito comum na natureza. Ela pode ser encontrada em diferentes estados físicos: **sólido**, **líquido** e **gasoso**. Observe as fotografias.

▶ A água dos rios, lagos e mares, assim como a água da chuva, está no estado líquido. Rio Preguiça, Maranhão, 2016.

▶ As geleiras, a neve e a chuva de granizo são exemplos de água no estado sólido. *Iceberg* na Antártica.

▶ No ar existe água no estado de vapor, mas não a enxergamos. Fazenda em Santa Catarina.

As imagens não estão representadas na mesma proporção.

Mudanças de estado físico

Quando colocamos água para congelar, ela passa do estado líquido para o estado sólido; nesse caso, dizemos que houve **solidificação**.

Se tirarmos esse gelo da geladeira e o deixarmos fora, com o passar do tempo ele derrete, ou seja, passa do estado sólido para o líquido. Dizemos que houve **fusão**: mudança do estado sólido para o estado líquido.

A água líquida também pode passar para o estado gasoso, transformando-se em vapor. Esse processo é chamado de **vaporização**.

▶ O gelo fora do congelador sofre fusão, ou seja, derrete.

Portanto, o estado físico da água pode mudar em algumas situações, por exemplo, quando ela é submetida a variações de temperatura. Em outras palavras, quando ela perde ou recebe calor.

Existem formas diferentes de vaporização da água. Observe os exemplos.

▶ Quando a roupa úmida está secando no varal, a água passa lentamente do estado líquido para o estado gasoso; nesse caso, ocorre a **evaporação**.

▶ Quando essa passagem é mais rápida, por exemplo, ao compararmos a água evaporada das roupas no varal com a água de uma chaleira fervendo, que recebeu calor do fogo, ela é denominada **ebulição**.

Observe no esquema abaixo os processos de mudança de estado físico da água.

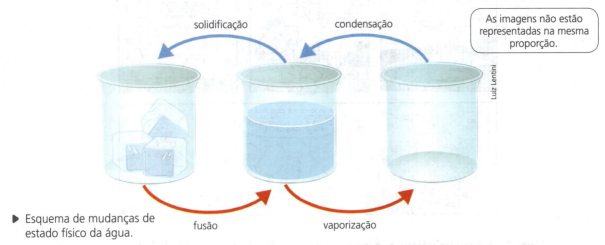

solidificação   condensação

As imagens não estão representadas na mesma proporção.

▶ Esquema de mudanças de estado físico da água.

fusão   vaporização

Algumas dessas mudanças podem ser observadas quando colocamos uma tampa sobre uma panela com água fervendo. A água líquida passa ao estado **gasoso**, por ebulição. Depois, ao entrar em contato com a superfície fria da tampa, volta ao estado **líquido**, por condensação, formando gotinhas de água.

▶ Gotas de água se formam após o vapor entrar em contato com a tampa fria.

▶ Quando a água, no estado gasoso, entra em contato com uma superfície fria, passa para o estado líquido num processo chamado de **condensação**.

1 Observe a história em quadrinhos a seguir e responda às questões.

a) Em que quadrinhos a água aparece no estado sólido? E nos estados líquido e gasoso?

b) Que mudanças de estado físico da água podemos observar nos quadrinhos?

c) Numere as frases de acordo com a ordem dos acontecimentos na história em quadrinhos.

☐ A água líquida derretida se acumula numa poça.

☐ O gelo derrete por causa do calor do Sol.

☐ A nuvem escura se movimenta na atmosfera.

☐ A água na forma líquida evapora, condensa e forma nuvens.

2 Com base na imagem abaixo, que lata de suco deve estar mais gelada? Explique.

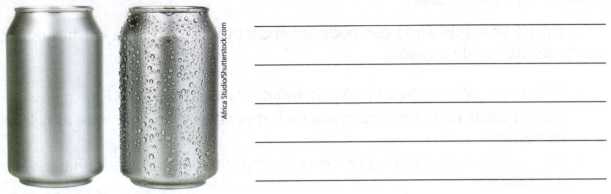

▶ Latas de alumínio.

_____

_____

_____

_____

_____

3 Preencha o esquema abaixo com os nomes dos estados físicos da matéria e suas transformações.

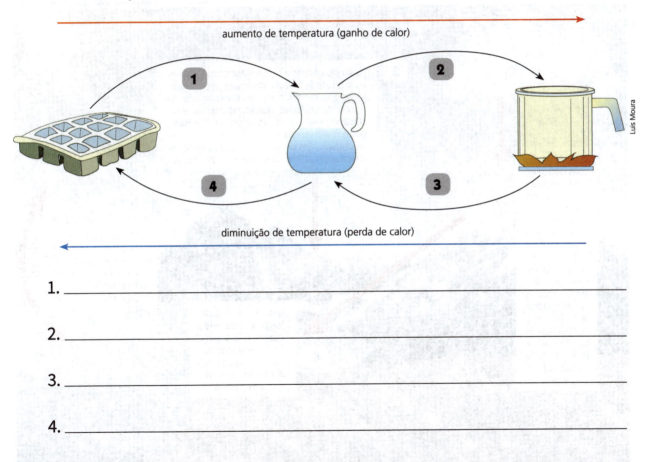

1. _____

2. _____

3. _____

4. _____

4 Suponha que você tenha esquecido um pote de sorvete fora da geladeira por horas em um dia quente. Em que estado estará o sorvete? Que mudança de estado físico ocorreu?

_____

Mudanças de estado físico da água na natureza

A água é uma substância que pode ser encontrada na natureza em três estados físicos: sólido, líquido e gasoso.

- ◆ A água líquida está presente nos oceanos, mares, rios e lagos.
- ◆ A água sólida pode ser encontrada na forma de gelo, que compõe as geleiras, ou de neve.
- ◆ A água no estado gasoso, por sua vez, é encontrada no ar, na forma de vapor, e é invisível.

As mudanças de estado físico da água possibilitam que ela se converta de um estado em outro, e assim ela circula na natureza.

Observe o esquema a seguir.

Os tons de cores e as proporções entre as estruturas representadas não são os reais.

2 Quando encontra temperaturas mais baixas na atmosfera, o vapor de água sofre condensação e se modifica para o estado líquido, na forma de gotículas, que formam as nuvens. Quando essas gotículas se juntam, formam gotas maiores, que caem na forma de chuva. A chuva, além de levar água para cidades e plantações, alimenta os mares, rios e lagos.

3 A água líquida das gotículas das nuvens pode também se solidificar, sob temperaturas baixas, e cair na forma de neve. Nas regiões mais frias do planeta, próximo do Polo Norte e do Polo Sul, a água líquida também se solidifica e forma grandes blocos de gelo.

1 O calor do Sol e o vento fazem com que a água líquida dos rios, mares e lagos evapore, passando à forma de vapor, que fica no ar.

4 Tanto a neve quanto os blocos de gelo podem passar pela fusão, voltando ao estado líquido e alimentando os rios, mares e lagos.

Studio Caparroz

▶ Esquema de mudanças de estado físico da água em alguns eventos da natureza.

Chamamos essa movimentação da água que ocorre por meio de processos naturais de **ciclo da água**.

Atividades

1 Em que estados físicos a água pode ser encontrada na natureza? Dê um exemplo de cada um deles.

_____

2 As mudanças de estado físico da água estão sempre ocorrendo na natureza, geralmente devido à variação de temperatura. Observe a imagem e complete as frases.

> Os tons de cores e as proporções entre as estruturas representadas não são os reais.

Paulo César Pereira

▶ Representação simplificada do ciclo de água na natureza.

a) O calor do _____ e o vento provocam a _____

da água de rios, lagos e oceanos.

b) O vapor de água se eleva e, ao encontrar o ar mais _____

se _____, formando as nuvens.

c) À medida que a _____ diminui, as gotículas vão se juntan-

do e caem na forma de _____.

3 As nuvens se formam pela passagem do vapor de água que existe na atmosfera para o estado líquido. Como se chama essa transformação?

_____

Fazendo sorvete

Muita gente gosta de fazer picolé caseiro. Você sabe como se faz? Observe as imagens e leia as legendas explicativas sobre elas.

▶ Encha a forma para picolés com suco de morango.

▶ Leve-a ao congelador.

1 Em que imagens o suco está no estado líquido?

_____

_____

_____

_____

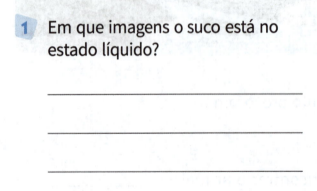

▶ Depois de algum tempo no congelador, o suco muda de estado físico.

2 Em que imagem o suco está no estado sólido?

_____

3 O que fez o suco líquido mudar de estado físico e virar picolé?

_____

_____

Muitos materiais também mudam de estado físico

Não é só a água que pode ser encontrada em diferentes estados físicos ou mudar de um estado para outro. Todos os materiais mudam de estado físico, dependendo da variação da temperatura.

Observe o exemplo a seguir, da fusão do minério de alumínio, também conhecido como bauxita. O minério de alumínio é sólido em temperatura ambiente, porém pode ser derretido a altas temperaturas, em fornos industriais. Para produzir os objetos, o alumínio líquido é colocado em formas e depois é resfriado, voltando ao estado sólido.

▶ Alumínio no estado líquido.

▶ Alumínio no estado sólido.

A mudança de estado físico pela ação do calor é utilizada em várias tecnologias de produção de materiais e de objetos.

Os metais são utilizados em diversos objetos. Dos carros e bicicletas aos fios que conduzem eletricidade, passando por utensílios de cozinha, como panelas e talheres, até latas de alimentos em conserva e portões e janelas. Até mesmo aparelhos de TV, computadores e telefones celulares têm diversas peças fabricadas com metais.

Para tomar forma, os metais são **fundidos** a altas temperaturas e colocados em fôrmas. Depois de resfriados, adquirem a forma desejada. São as mudanças de estado físico que possibilitam moldar dessa maneira os metais.

Glossário

Fundido: que passa por fusão, que passa para o estado líquido.

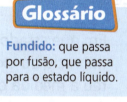

▶ Ferro fundido é despejado em fôrma para produção de objeto.

▶ Panela feita de ferro.

Que tal observar a mudança de estado físico do chocolate de sólido para líquido e de líquido para sólido?

Material:

- chocolate em barra;
- vasilha refratária;
- palitos de dente ou de sorvete;
- colher de pau;
- fôrmas para bombom ou gelo;
- papel celofane ou plástico;
- forno de micro-ondas.

Procedimento

1. Coloque o chocolate picado na vasilha e leve-a ao micro-ondas para o chocolate derreter.

2. Peça a um adulto que mexa o chocolate com a colher para ele derreter por igual.

3. Derrame o chocolate nas fôrmas e, então, você e os colegas devem colocar, em cada uma delas, um palito com o respectivo nome.

4. Deixe esfriar.

5. Desenforme os pirulitos de chocolate.

6. Se vocês preferirem, embalem o pirulito com papel celofane ou plástico.

Com base nos resultados, responda às questões a seguir.

Fotos: Dotta

▶ Chocolate é levado ao micro-ondas para derreter.

▶ Chocolate derretido é despejado em fôrma para gelo.

1 Em que estado físico o chocolate estava no início do experimento e o que ocorreu à medida que ele foi aquecido?

_____

2 Quando o chocolate foi colocado nas fôrmas, em que estado físico estava?

_____

3 O que foi necessário para que ele endurecesse novamente?

_____

Um pouco mais sobre

A história do sorvete

Você gosta de sorvete? Já reparou como é refrescante consumi-lo em dias quentes? O texto a seguir conta um pouco da história desse alimento nutritivo e saboroso.

A história começa com os chineses, que misturavam neve com frutas fazendo uma espécie de sorvete. [...]

Porém, a grande revolução no mundo dos sorvetes aconteceu com Marco Polo, que trouxe do Oriente para a Itália, em 1292, o segredo do preparo de sorvetes usando técnicas especiais. [...] No Brasil, o sorvete ficou conhecido em 1834, quando dois comerciantes cariocas compraram 217 toneladas de gelo, vindas em um navio norte-americano, e começaram a fabricar sorvetes com frutas brasileiras. Na época, não havia como conservar o sorvete gelado e, por isso, tinha que ser tomado logo após o seu preparo. [...]

Associação Brasileira das Indústrias e do Setor de Sorvetes. Disponível em: <www.abis.com.br/institucional_historia.html>. Acesso em: 7 abr. 2019.

1 Depois de um tempo tomando sorvete, percebemos que o estado físico dele se modifica. O que provoca essa mudança? Qual é o estado físico original do sorvete e para qual estado ele muda?

_____

_____

_____

_____

_____

2 Seria possível fazer picolés sem congeladores ou *freezers*? O que mais mudaria em nossa vida se esses equipamentos não existissem?

_____

_____

_____

_____

1 Associe as mudanças de estado físico da água com suas definições.

solidificação	Passagem do estado líquido para vapor de forma lenta.
fusão	Passagem do estado líquido para vapor por meio de aquecimento rápido.
evaporação	Passagem do estado sólido para líquido.
ebulição	Passagem do estado de vapor para o líquido.
condensação	Passagem do estado líquido para sólido.

2 Observe as imagens a seguir e responda às perguntas.

As imagens não estão representadas na mesma proporção.

A

Jordache/Dreamstime.com

▶ Peça de metal sólido é colocada no forno.

B

Jaromir Chalabala/Shutterstock.com

▶ Metal derrete pelo aumento de sua temperatura.

C

Stanislav Savin/Sputnik Images/Easypix Brasil

▶ Metal em estado líquido é colocado em fôrmas para ser moldado.

D

Pavel Lisitsyn/Sputnik Images/Easypix Brasil

▶ Objeto formado após resfriamento do metal.

a) Quais fotografias mostram o metal no estado sólido? E no estado líquido?

_____

b) Que mudanças de estado físico ocorrem? Explique o motivo.

_____

_____

3 Observe a sequência de ilustrações e escreva um texto contando o que aconteceu em relação à transformação dos ingredientes.

> Os tons de cores e as proporções entre as estruturas representadas não são os reais.

Ilustrações: Michel Borges

▶ A manteiga é retirada da geladeira.

▶ O homem coloca manteiga na panela.

▶ A manteiga é submetida ao calor da chama do fogão.

▶ O homem coloca a cebola na manteiga para refogar.

_____

_____

_____

_____

_____

_____

_____

_____

_____

_____

_____

_____

_____

_____

Misturando e separando

Ingredientes para o almoço

Todo mundo gosta de comida bem-feita, mas cozinhar não é tão simples. Para não errar, é preciso utilizar os ingredientes da receita nas quantidades corretas.

1 Imagine que Mateus cozinhará para a família dele. No painel estão anotados alguns dos ingredientes que ele está usando. Encontre-os na cozinha representada abaixo e marque-os com **X**.

- arroz
- feijão
- sal
- óleo
- vinagre
- pó de café
- açúcar
- ovos
- leite

Robson Olivieri Silva

2 Você conseguiu encontrar todos os ingredientes?

3 Se usássemos os ovos para fazer um bolo, seria possível separá-los do restante da massa depois?

4 Após lavar bem as folhas, Mateus temperou a salada. Para isso, ele fez uma mistura usando óleo, sal e vinagre. Quais desses materiais é possível distinguir na mistura realizada?

Será que todos os materiais se misturam do mesmo jeito?

Material:

- 10 copos pequenos descartáveis;
- 3 colherinhas de café;
- etiquetas adesivas;
- canetinhas coloridas;

- água;
- açúcar;
- vinagre;
- pó de café;

- papel picado;
- areia;
- talco;
- óleo.

Procedimento

1. Escreva em cada etiqueta o nome dos materiais que serão misturados. Cole cada etiqueta em um copo. Sugestões:

- água + vinagre
- óleo + pó de café
- óleo + papel picado

▶ Mistura de água com açúcar sendo preparada.

Fernando Favoretto

2. Faça um quadro no caderno como o do modelo abaixo.

Materiais misturados	Como ficou a mistura?
água + açúcar	

DAE

3. Coloque os copos sobre a mesa e faça as misturas indicadas nas etiquetas. Seja criativo e teste as misturas mais curiosas que puder.

4. Escreva o resultado de cada mistura no quadro.

Com base nos resultados, responda às questões a seguir.

1 Em quais misturas é possível identificar os componentes?

2 Em quais misturas não podemos identificar os componentes?

3 Em sua casa, peça a ajuda de um adulto para misturar outros materiais. Anote os resultados no caderno e depois apresente o que descobriu para a turma.

Misturas

No experimento anterior, você observou que os materiais interagem entre si de diferentes maneiras. Agora veja estes casos de mistura.

As imagens não estão representadas na mesma proporção.

⦿ **Olho vivo!**

Atenção! Nunca prove uma mistura desconhecida.

▶ Suco em pó misturado com água, água e óleo e arroz com feijão.

Quando misturamos água e suco em pó e mexemos bem, os materiais se misturam totalmente e fica difícil distinguir um do outro.

Já na mistura de arroz e feijão, ainda que os materiais fiquem bem misturados, podemos reconhecê-los. A água e o óleo não se misturam.

No dia a dia, encontramos várias misturas como essas.

Muitas vezes, algumas substâncias são totalmente dissolvidas na água e, por isso, não podemos mais vê-las. No entanto, é possível observar sua presença por meio de alguns procedimentos. Veja exemplos a seguir.

▶ O açúcar se dissolve na água. Porém, sua presença pode ser verificada ao provarmos a mistura e sentirmos seu sabor adocicado.

▶ O sabão se dissolve na água. No entanto, percebemos sua presença pela cor azul e pela espuma formada ao agitarmos a água.

A água, graças a sua capacidade de dissolver um grande número de substâncias, é denominada **solvente** universal. Existem substâncias, porém, que só se dissolvem em óleos ou outros materiais.

Glossário

Solvente: substância que pode dissolver outra.

Atividades

As imagens não estão representadas na mesma proporção.

1 Observe as sequências de imagens 1 e 2 e responda às questões.

1

▶ Achocolatado e leite.

▶ Achocolatado sendo colocado no leite.

▶ Leite com achocolatado.

Fotos: Edson Antunes

2

▶ Frutas variadas.

▶ Frutas sendo picadas.

▶ Salada de frutas.

a) O que aconteceu em cada sequência de imagens?

b) Além de os ingredientes serem diferentes em cada sequência de imagens, que outra diferença é possível perceber em relação à mistura formada?

c) Dê um exemplo de mistura que você faz no dia a dia, na qual os componentes não podem ser mais visualizados, ou seja, eles se misturam completamente.

2 Para preparar um chá podem ser usadas ervas naturais, que são colocadas em um recipiente com água fervendo e deixadas em repouso por alguns minutos. Em seguida, geralmente o chá é adoçado. Identifique no preparo do chá um exemplo de:

a) materiais que podemos distinguir depois de misturados;

_____

b) materiais que não podemos distinguir depois de misturados.

_____

Será que os componentes de uma mistura mantida em repouso podem ser separados?

Material:

- 1 copo de vidro ou de plástico transparente;
- uma colher de sobremesa de solo de jardim;
- água.

Procedimento

1. Coloque água no copo, até a metade.
2. Adicione o solo na água e mexa bem com a colher.
3. Deixe a mistura em repouso por aproximadamente dez minutos.
4. Observe o que acontece.

▶ Materiais que serão usados no experimento.

▶ Solo de jardim sendo misturado à água em um copo.

Fotos: Fernando Favoretto

Com base nos resultados, responda às questões.

1 O que aconteceu com a mistura de solo e água?

2 Essa técnica de separação de misturas ajuda a purificar a água nas estações de tratamento para torná-la apropriada para o consumo. Qual é a finalidade da técnica nesse processo?

Separando o que está misturado

Assim como podem ser misturados, os materiais também podem ser separados. Observe as misturas a seguir e dê sugestões para separar esses materiais.

▶ Grãos de arroz, feijão e milho.

▶ Água barrenta.

▶ Água com pó de café.

Certamente você e os colegas deram muitas sugestões. A seguir, conheça algumas maneiras de separar misturas.

As imagens não estão representadas na mesma proporção.

Catação

É a separação e retirada de materiais sólidos que não se misturam totalmente, como as impurezas que podem vir no meio de feijões. Ela é feita antes do cozimento e serve também para limpar o arroz, o milho e outros grãos.

▶ Homem separa e retira as impurezas do feijão.

Decantação

Consiste na separação entre sólidos e líquidos, de modo que a parte sólida se acumule no fundo do recipiente e a parte líquida fique acima.

Esse processo é usado nas estações de tratamento de água: nos tanques de decantação, a água fica em repouso e a sujeira acaba depositada no fundo deles. Em seguida, a água da superfície, livre dessas impurezas, é retirada.

▶ Água misturada com barro.

▶ Observe o barro depositado no fundo do copo.

Filtração

É a separação de materiais sólidos de líquidos. Quando fazemos café, a água e a parte do café que foi dissolvida na água atravessam o coador, enquanto a parte sólida é nele retida. Nas estações de tratamento de água, a filtração é realizada logo após a decantação.

▶ Filtração de mistura de água com areia.

> As imagens não estão representadas na mesma proporção.

Evaporação

Separa uma mistura de sólido com líquido. Nela, o líquido evapora e o sólido permanece no mesmo lugar. Esse processo, além de ser utilizado para secar roupas no varal, também ocorre nas salinas: a água evapora e o sólido – nesse caso, o sal – fica depositado no local.

▶ Salina da Lagoa Vermelha. Araruama, Rio de Janeiro, 2013.

Destilação

Quando se deixa um recipiente com água e sal exposto ao ar, a água é perdida. Para que isso não ocorra na separação de materiais, usa-se um destilador.

Nesse caso, se colocarmos uma mistura de água e sal no destilador, o sal e outros minerais dissolvidos na água permanecerão no recipiente de origem, e a água, ao evaporar, em vez de se perder no ar, passará por um tubo resfriado e voltará ao estado líquido em outro recipiente.

> Os tons de cores e as proporções entre as estruturas representadas não são os reais.

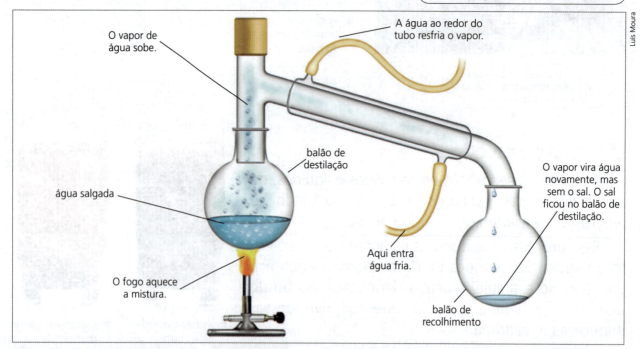

O vapor de água sobe.

A água ao redor do tubo resfria o vapor.

balão de destilação

água salgada

O vapor vira água novamente, mas sem o sal. O sal ficou no balão de destilação.

Aqui entra água fria.

O fogo aquece a mistura.

balão de recolhimento

▶ Esquema representativo da destilação de água salgada.

Atividades

1 Carol e Felipe estão brincando de adivinhar o tipo de separação de misturas feito pelas crianças a seguir. Ajude-os a decifrar as mensagens.

> Meus tios vieram nos visitar e mamãe preparou um delicioso café. Ela colocou pó de café e água dentro do coador. No bule, caiu apenas café.

_____

> Coletei com a Alice várias pedrinhas para brincar de trilha, mas antes tivemos de separá-las, pois estavam misturadas a restos de folhas secas e de areia.

_____

> Estava em casa e deixei cair muito sal em um pires com água. Deixei o pires ao sol e um tempo depois só tinha sal novamente dentro dele.

_____

▶ Crianças explicam os tipos de separação de misturas que elas fizeram.

2 Em uma estação de tratamento, a água passa por várias etapas para ser purificada e fornecida com qualidade à população. Além disso, deve receber substâncias, como o cloro, que eliminam bactérias e outros seres causadores de doenças. Observe a imagem e faça o que se pede.

> Os tons de cores e as proporções entre as estruturas representadas não são os reais.

A água que contém materiais ou microrganismos é captada do rio.

Na estação de tratamento, ela recebe substâncias floculantes, que se juntam às impurezas.

A água com flóculos permanece em repouso por um tempo – **decantação**.

Então, passa pelo processo de **filtração**.

Ela recebe cloro, que mata os microrganismos causadores de doenças.

A água limpa vai para os reservatórios e depois para os canos de distribuição.

▶ Esquema que mostra as etapas do tratamento de água.

a) Circule as etapas do tratamento de água que estão relacionadas à separação de misturas que você estudou.

b) Copie o nome dessas etapas e explique-as.

_____

_____

As transformações da matéria

Ovo cru ou cozido?

Agora você e um colega serão cozinheiros. Providenciem um dado e duas bolinhas de papel com cores diferentes para marcar a posição de cada um na trilha.

Decidam quem de vocês vai fazer salada e quem vai fazer bolo.

Vocês caminharão na trilha de acordo com os pontos tirados no dado.

Se o cozinheiro que precisar de ovos crus, por exemplo, cair na casa onde há imagem de ovo cozido, ele fica uma vez sem jogar, e vice-versa.

Ganha o jogo quem chegar primeiro à cozinha.

Henrique Machado

1. Quais são as diferenças entre o ovo cru e o ovo cozido?

2. Por que ovo cozido é usado para fazer salada e ovo cru é usado para fazer bolo?

Materiais que se transformam

Uma característica dos materiais é que eles podem sofrer transformações de acordo com as condições do ambiente, como no caso em que há variação de temperatura.

Se um ovo for colocado em panela com água e levado ao fogo ele vai endurecer, pois as substâncias que o compõem se modificam com o aumento da temperatura. Assim, o ovo passa a ter novas características.

▶ O ovo cru é mole e gelatinoso.

▶ Quando aquecido, o ovo é cozido, ganhando sabor e consistência diferentes do ovo cru.

O resfriamento de um material também pode causar transformações. A água, por exemplo, muda de estado físico quando é colocada no congelador durante algum tempo.

▶ A água em estado líquido é colocada em fôrma de gelo e levada para o congelador.

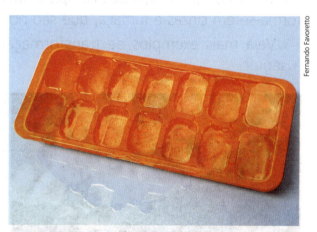

▶ Após certo tempo em ambiente de baixa temperatura, a água congela e passa para o estado sólido.

Nos dois casos exemplificados acima, a temperatura foi o fator determinante para que os materiais se transformassem. Entretanto, existe uma diferença entre essas transformações: a água, depois de congelada, pode voltar ao estado anterior (líquido) se for novamente aquecida, porém isso não ocorre com o ovo. Depois de passar pelo cozimento em alta temperatura, o ovo não voltará mais ao estado inicial.

Transformações reversíveis e transformações irreversíveis

Veja outros exemplos de materiais que se transformam.

As imagens não estão representadas na mesma proporção.

▶ Pessoa corta papel.

▶ Papel queimando.

A imagem acima, à esquerda, apresenta uma **transformação reversível**, pois não houve formação de novo material, já que o papel continuou sendo papel. Nas transformações reversíveis, ocorre mudança somente no estado físico ou na aparência do material.

A imagem à direita mostra uma **transformação irreversível**, isto é, aquela em que há alteração das substâncias componentes do material. Após a queima, o papel transforma-se em cinzas e fumaça, que são novas substâncias.

Veja mais exemplos de transformação irreversível e de transformação reversível a seguir.

▶ A madeira queima e alimenta o fogo. Ocorre uma transformação irreversível: a madeira é transformada em carvão, cinzas e outros materiais e há geração de formas de energia: luz e calor.

▶ A tigela de louça está quebrada. Ocorreu uma transformação reversível: a louça foi fragmentada, porém permanece sendo o mesmo material.

Luz e umidade também podem provocar transformações

Ação da luz

A luz é um fator que também pode provocar transformações. A planta produz o próprio alimento e dele retira a energia para viver.

Esse processo, chamado **fotossíntese**, é um exemplo de transformação irreversível que ocorre em presença de luz. Por isso, uma planta que permaneça longo tempo no escuro não consegue sobreviver.

Na fotossíntese, o gás carbônico que a planta retira do ar, geralmente pelas folhas, e a água que a planta retira do ambiente, pelas raízes, combinam-se e formam uma nova substância, a glicose, que serve de alimento para a planta.

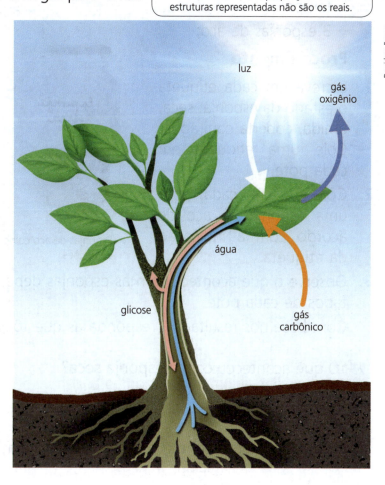

Os tons de cores e as proporções entre as estruturas representadas não são os reais.

luz

gás oxigênio

água

glicose

gás carbônico

Dawidson França

presença
de luz
gás carbônico + água ⟶ glicose +
gás carbônico

▶ Esquema representativo dos fatores que participam da fotossíntese.

Ação da umidade

A formação de ferrugem é muito comum no dia a dia.

Para que a ferrugem se forme são necessários três fatores: o ferro, a água e o gás oxigênio. Com o passar do tempo, o ferro reage com o gás oxigênio do ar e a ferrugem vai sendo formada. Essa é uma transformação irreversível que ocorre somente na presença de umidade e gás oxigênio.

fortsite/iStockphoto.com

▶ Acima, objeto de ferro sem ferrugem e, abaixo dele, um objeto semelhante, porém enferrujado. Pode-se notar a cor característica da ferrugem.

É possível transformar o aço em outra substância?

Material:

- 3 potes de vidro transparente e com tampa;
- 3 esponjas de aço;

- 3 etiquetas;
- água.

Procedimento

1. Escreva em cada etiqueta o estado da esponja: seca, úmida, coberta com água. Cole uma etiqueta em cada pote.

2. Coloque em cada pote uma esponja de aço de acordo com a indicação da etiqueta.

▶ Esponjas de aço colocadas em potes fechados sob diferentes condições.

3. Observe o que acontece com as esponjas depois de cinco dias. Registre os resultados de cada pote.

Com base nos resultados, responda às questões a seguir.

1 O que aconteceu com a esponja seca?

_____

2 O que aconteceu com as outras duas esponjas?

_____

3 A que conclusão você chegou após observar o experimento com as esponjas colocadas sob diferentes condições?

_____

_____

_____

4 As esponjas passaram por transformação reversível ou irreversível?

_____

1 Preencha o quadro de cada fotografia com a letra correspondente ao tipo de transformação que ela mostra.

A. Transformação irreversível, pois o material inicial transforma-se em outros materiais.

B. Transformação reversível, pois não ocorre formação de novo material.

▶ Madeira sendo serrada.

▶ Fogueira.

▶ Tecido sendo cortado.

2 Leia o texto a seguir e responda às questões.

O vidro é feito de uma mistura de matérias-primas naturais. Conta-se que ele foi descoberto por acaso, quando, ao fazerem fogueiras na praia, os navegadores perceberam que a areia e o calcário (conchas) se combinaram através da ação da alta temperatura. [...]

Hoje o vidro está muito presente em nossa civilização e pode ser moldado de qualquer maneira: nos para-brisas e janelas dos automóveis, lâmpadas, garrafas, compotas, garrafões, frascos, recipientes, copos, janelas, lentes, telas de televisores e monitores, fibra ótica etc. [...]

Toda a matéria-prima é levada a um misturador. A mistura resultante é levada ao forno de fusão, onde, sob o efeito do calor, transforma-se em vidro e é conduzida às máquinas de conformação, que são utilizadas de acordo com o tipo de vidro que se pretende obter.

Vidro: história, composição, tipos, produção e reciclagem. *Recicloteca*.
Disponível em: <www.recicloteca.org.br/material-reciclavel/vidro>. Acesso em: 7 abr. 2019.

a) O que é necessário para que a areia e o calcário se transformem em vidro?

_____

b) A fabricação do vidro é um exemplo de transformação reversível ou irreversível? Explique sua resposta.

_____

_____

Transformações afetam a qualidade dos alimentos

As imagens não estão representadas na mesma proporção.

Nas páginas anteriores, você estudou que fatores como temperatura, exposição à luz e umidade transformam os materiais. Em alguns casos, como no surgimento de ferrugem, as transformações comprometem a qualidade do material. O mesmo pode acontecer com os alimentos que consumimos se não forem acondicionados de forma correta e ficarem expostos à luz, umidade ou em temperatura ambiente.

▶ O pão de fôrma está embolorado e todo o alimento está comprometido e impróprio para consumo.

A ação de fungos e bactérias sobre os alimentos promove a decomposição deles, transformando-os em uma matéria imprópria para o consumo.

Quando compramos um alimento industrializado, ele vem acondicionado em latas, vidros, embalagens plásticas, entre outros. Na embalagem constam a data de validade e as condições do ambiente em que deve ser guardado até sua utilização. Se o prazo de validade do alimento estiver vencido, as propriedades nutricionais dele podem estar alteradas ou ele pode estar deteriorado. Por isso, não deve ser consumido.

▶ Embalagens como a do leite longa vida trazem orientações sobre como conservá-lo depois de a embalagem ser aberta.

Observe na tabela o prazo de validade de alguns alimentos depois de abertos, mesmo se mantidos sob refrigeração.

ALIMENTO	PRAZO DE VALIDADE
iogurte, requeijão cremoso	72 horas (3 dias)
leite de caixinha	3 dias
molho de tomate	5 dias
presunto e muçarela fatiados	4 dias

Fonte: Thais Sabino. Naturais, enlatados e congelados: conheça prazos de validade de alimentos. *Terra*. Disponível em: <http://culinaria.terra.com.br/infograficos/alimentos-prazos-de-validade>. Acesso em: 7 abr. 2019.

> Os tons de cores e as proporções entre as estruturas representadas não são os reais.

Vamos observar as transformações que ocorrem nos alimentos?

Material:

- tomate maduro;
- fatia de pão;
- batata;
- etiquetas;
- 3 potes de plástico transparentes com tampa.

▶ Alimentos colocados em potes tampados.

Procedimento

1. Coloque cada alimento dentro de um pote e feche-o bem.
2. Escreva na etiqueta o nome do alimento e a data em que foi colocado no pote. Cole-a no pote.
3. Coloque os potes em local seguro que possa ser visualizado por toda a turma.
4. Observe o que acontece com esses alimentos todos os dias por duas semanas.
5. Faça uma ficha no caderno e registre o que acontece. Exemplo de ficha:

	1º DIA	2º DIA	3º DIA	...
tomate				
pão				
batata				

No final das duas semanas, responda:

1 O que aconteceu com esses alimentos no decorrer dos dias?

_____

2 Há participação de seres vivos nesse processo? Explique.

_____

1 Leia o texto e depois responda às questões.

Atenção ao prazo de validade!

A busca pela alimentação adequada não passa apenas pela escolha do alimento mais saudável. Prestar atenção no prazo de validade dos produtos é essencial. Além disso, é importante observar a aparência [deles], ainda que esteja valendo, e procurar preocupar-se com o seu armazenamento, pois eles podem estar dentro do prazo e mesmo assim estragar, pois foram guardados de maneira incorreta. [...] Estocar os alimentos de forma correta é muito importante. **Perecíveis** devem ir direto à geladeira, enquanto os produtos com menor quantidade de água e gordura na composição (pois são esses teores, principalmente, que aceleram a deterioração) podem ser mantidos no armário, em suas próprias embalagens ou dentro de potes

▶ Alimentos armazenados em potes com tampas.

Glossário

Hermético: totalmente fechado.
Perecível: que pode se deteriorar, estragar.

herméticos. Tirar o produto da embalagem também pode fazer com que ele dure mais um pouco. Qualquer alimento que tenha mudado a cor, a consistência ou o cheiro deve ser jogado fora. [...]

Saúde. Disponível em: <www.saude.com.br/site/materia.asp?cod_materia=325>. Acesso em: 8 maio 2019.

a) Qual é a importância do prazo de validade?

_____

b) Apenas o prazo de validade indica se o alimento está consumível?

_____

c) Joana abriu um pacote de biscoitos, mas não vai comer todos no mesmo dia. O que ela deve fazer para que os biscoitos não amoleçam nem entrem em contato com microrganismos?

_____

2 Leia o texto abaixo e depois faça o que se pede.

O que guardar na geladeira

Os produtos que precisam de refrigeração são aqueles que estragam mais facilmente e não podem ficar armazenados por muito tempo. [...] É importante que a geladeira não esteja com excesso de produtos, pois isso pode afetar sua capacidade de resfriamento, prejudicando a conservação dos alimentos e causando perdas.

As carnes só devem ser conservadas na geladeira se forem ser usadas no mesmo dia. Caso contrário, devem ser congeladas.

Alguns exemplos de alimentos que devem ser guardados na geladeira: ovos, leite, queijo, manteiga, margarina, alguns vegetais e frutas, além de embutidos (presunto, salsicha, linguiça).

As prateleiras mais altas da geladeira são as mais frias. É nelas que devem ser guardados alimentos como carnes, leite e derivados. Não misture alimentos crus e cozidos na mesma prateleira, pois os crus podem contaminar os já preparados. E atenção: nunca forre as prateleiras da geladeira com plásticos ou toalhas, pois isso dificulta a circulação do ar frio, prejudicando o bom funcionamento do aparelho.

Coloque os alimentos em recipientes bem fechados. Observe o prazo de validade, sempre. O refrigerador deve ser mantido limpo.

Cuidados com os alimentos. Disponível em: <http://bvsms.saude.gov.br/bvs/publicacoes/cuidado_alimentos.pdf>. Acesso em: 7 abr. 2019.

a) Desenhe no quadro abaixo uma geladeira aberta com alimentos dentro dela. Distribua os alimentos conforme as sugestões do texto.

b) Observe a geladeira da sua casa. Veja se ela está de acordo com as orientações do texto. Converse com seus familiares sobre essa organização e veja se é possível melhorar.

Convivendo com vídeos

Você costuma assistir a vídeos na televisão ou no computador? Eles são recursos que combinam imagens em movimento e sons, e é muito comum serem usados com a finalidade de diversão, fonte de informações e em atividades de aprendizado.

Agora, imagine sua vida sem os vídeos. Isso ocorria num passado não muito distante. Os vídeos eram raros, pois as máquinas filmadoras usadas para produzi-los eram grandes, pesadas e caras. Elas eram utilizadas somente por cinegrafistas, para a produção de filmes exibidos no cinema ou na televisão.

Somente a partir de 1971 iniciou-se a venda de aparelhos chamados videocassetes, que possibilitavam às pessoas gravar ou reproduzir imagens da televisão em fitas cassete. Como a internet ainda não existia, o conteúdo dessas fitas era assistido em televisores. Esses aparelhos foram se popularizando e, na década de 1990, eles já eram muito comuns nas residências.

▶ Fita cassete sendo inserida em um videocassete.

Hoje, o videocassete não é mais popular e nem é encontrado nas lojas. Foram surgindo equipamentos mais modernos, leves e baratos e que gravam imagens e sons com mais qualidade. São exemplos os telefones celulares, as câmeras fotográficas digitais e os computadores com câmera digital.

No Brasil, grande parte da população tem acesso a esses equipamentos e pode assistir ou gravar os próprios vídeos.

Em *sites* pode-se encontrar muitos vídeos sobre diferentes assuntos. Nesta atividade, você vai pesquisar vídeos que exibem transformações de materiais.

▶ Alunos assistem a vídeo projetado no quadro branco.

1 Forme uma dupla e, com a orientação do professor, dirijam-se a uma sala da escola que tenha computadores com acesso à internet.

2 Abram o navegador e, em *sites* indicados pelo professor, pesquisem vídeos sobre transformação de materiais.

3 Busquem vídeos curtos, com duração de até 5 minutos. Sugestão de *site*: <http://chc.org.br/videos>.

4 Selecionem dois vídeos, um que mostre uma transformação reversível e outro, uma transformação irreversível, e copiem o endereço eletrônico.

5 Compartilhem esses vídeos com os colegas da turma e façam uma "sessão de cinema" em que vocês assistirão a todos os vídeos selecionados.

6 Agora, que tal vocês produzirem um vídeo na escola? Combinem com o professor a duração e o assunto do vídeo. Uma sugestão é fazerem uma demonstração de transformação de material bem bacana para deixar todo mundo curioso. Depois, divulguem a produção para todos os alunos da escola.

© Olho vivo!

Cuidado para não baixar os vídeos da internet sem a devida autorização. Além de isso ser considerado crime, pode entrar vírus no computador. Sob a supervisão do professor, assista aos vídeos na internet.

O segredo dos vaga-lumes nas pulseiras de neon

As reações químicas acontecem onde menos imaginamos. É o caso das pulseiras de neon e dos vaga-lumes, que emitem luz através de reações químicas.

Na pulseira de neon ocorre quimiluminescência, que emite luz fria em consequência de uma reação química. Já a bioluminescência é um processo semelhante, porém acontece naturalmente em seres vivos, como no vaga-lume, em que a energia obtida dos alimentos se transforma em energia luminosa. [...]

▶ Vaga-lume.

▶ Pulseiras de neon.

[...] pulseiras de neon são constituídas por uma solução química de corante e um derivado do petróleo. Dentro da pulseira há uma ampola com uma solução de água oxigenada. Quando a pulseira dobra, a ampola quebra e as soluções se misturam, fazendo com que ocorra uma reação provocando a emissão de luz da cor do corante.

A intensidade da luz e o tempo de emissão dependem das condições de temperatura: em baixa temperatura, a intensidade da luz será fraca, mas durará mais tempo; em alta temperatura, a intensidade será alta, mas durará pouco, pois a reação será mais rápida.

Como podemos ver, a pulseira de neon é uma reprodução, em laboratório, daquilo que a natureza faz com excelência.

Drielle Barbosa Pereira e Fabiana Andrade Campos. *Ciência para todos*. Disponível em: <www.ufmg.br/cienciaparatodos/wp-content/uploads/2011/11/57-osegrededosvagalumesnaspulseirasdeneon.pdf>. Acesso em: 7 abr. 2019.

1 Você já viu um vaga-lume ou já usou uma pulseira de neon?

_____

2 Suponha que você ganhou uma pulseira de neon e deseja que a luz que ela emite seja intensa. Você usará a pulseira em dia frio ou em dia quente? Justifique.

_____

Socorrendo animais

Cícero Moraes participa do grupo de voluntários Animal Avengers, que produz próteses para substituir partes do corpo de animais perdidas ou danificadas.

Cícero Moraes

Como é o trabalho desenvolvido pelo seu grupo?

Nosso foco é a criação de próteses, ou seja, estruturas que devolvem aos animais parte do corpo, possibilitando a eles se alimentar (como o bico de aves) ou se defender de predadores (como o casco de jabuti). Para isso, empregamos uma técnica que digitaliza o corpo do animal e faz a impressão em três dimensões (3D) utilizando material adequado, no caso do jabuti, um tipo de plástico de baixo custo, produzido a partir do milho.

Poderia nos contar um caso de animal beneficiado?

O primeiro caso bem-sucedido foi do jabuti fêmea Freddy. Ela perdeu o casco em uma queimada florestal e foi o primeiro jabuti no mundo a receber um casco impresso em 3D.

Qual é a motivação de vocês para esse trabalho?

É ver os animais voltando a ser independentes para se alimentar ou se proteger, e também abrir novos campos de pesquisas que possam ajudá-los ainda mais.

Que conhecimentos científicos tornaram esse trabalho possível?

Conhecimentos na área de Medicina Veterinária e de metodologias computacionais de modelagem e de impressão 3D.

1 Observe o jabuti Freddy antes e depois de receber a prótese feita em impressora 3D, em 2015. De que material a prótese foi feita? Ao possibilitar a ele receber um novo casco, em que a ciência o está ajudando?

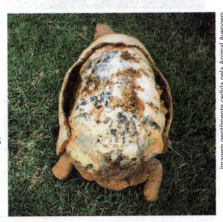

Imagem gentilmente cedida pela Animal Avengers

▶ Jabuti Freddy antes de receber a prótese feita em impressora 3D.

Imagem gentilmente cedida pela Animal Avengers

25 cm

▶ Jabuti Freddy depois de receber a prótese feita em impressora 3D.

1 Que mudança de estado físico está ocorrendo em cada situação?

a) Picolé derretendo: _____.

b) Fabricação de gelo: _____.

c) Azulejos embaçados no banho quente:

_____.

d) Água de uma poça desaparecendo em um dia muito quente:

_____.

2 André e Lia estão preparando o almoço. Ele faz macarronada e ela faz suco de laranja e beterraba. Escreva em quais misturas os materiais ainda podem ou não ser identificados.

▶ Preparo de uma macarronada.

▶ Preparo de suco de laranja e beterraba.

Ilustrações: Karina Faria

a) Água e óleo: _____.

b) Água e suco da laranja espremida: _____.

c) Suco de laranja e suco de beterraba:

_____.

d) Água e macarrão: _____.

3 Escreva o nome da separação de mistura adequada.

a) Método usado para separar pedrinhas do feijão: _____.

b) No tratamento de água, após a decantação, a água passa por um processo

em que as sujeiras ficam retidas: _____.

c) Nas minas de sal, ou salinas, o sal é separado da água: _____.

d) Nas estações de tratamento de esgoto, a sujeira se acumula no fundo dos

tanques e é removida: _____.

4 Com relação à transformação de materiais, responda às questões.

a) Quando assamos a massa do pão, temos uma transformação reversível ou
irreversível? Por quê?

_____

_____

b) Ana levou para um piquenique uma caixa de isopor
com alguns **geladinhos** e pedras de gelo para con-
servá-los. Ao final do dia, percebeu que o gelo havia
derretido e os geladinhos também. Esse tipo de
transformação pode ser revertida ou não?

_____

c) Agora é sua vez! Complete o quadro com situações em que há transformação de materiais.

> **Glossário**
>
> **Geladinho:** sorvete feito de
> água e xarope ou suco de
> fruta, que se congela dentro
> de um saquinho plástico.
> Em algumas regiões do
> Brasil também é chamado
> suquinho, sacolé ou chupe-
> -chupe, entre outros nomes.

TRANSFORMAÇÃO	EXEMPLOS
Reversível	_____ _____ _____
Irreversível	_____ _____ _____

❖ A água pode ser encontrada na natureza nos seguintes estados físicos: sólido, líquido e gasoso. Ela muda de um estado físico para outro quando a temperatura varia. Na natureza, essas mudanças tornam possível o ciclo da água.

▶ Alumínio fundido, conforme visto na página 139.

❖ Outros materiais também podem apresentar-se em estados físicos diferentes ou mesmo mudar de um estado para outro. Um exemplo é o alumínio, que pode ser fundido e colocado em fôrmas para fazer os mais variados tipos de objeto.

❖ É possível separar misturas por meio de catação, decantação, filtração, evaporação e destilação.

▶ Salada de frutas, conforme visto na página 147.

❖ Existem misturas em que é possível distinguir os materiais, como os pedaços de frutas em uma salada, e outras em que não é possível distinguir os materiais que a compõem, como quando se mistura água e vinagre.

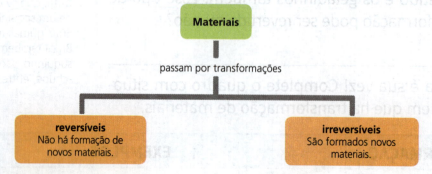

Materiais

passam por transformações

| **reversíveis** Não há formação de novos materiais. | **irreversíveis** São formados novos materiais. |

Para finalizar, responda:

▶ Qual é a relação entre temperatura e mudança de estado físico da água?

▶ Como podemos separar as substâncias que compõem uma mistura?

▶ O que diferencia transformações reversíveis de irreversíveis?

▶ Que fatores podem contribuir para a transformação dos materiais?

Livros

Casa Publicadora Brasileira

▶ **Descobrindo os fenômenos químicos**, de Antônio Acleto e Ronnie R. Campos. São Paulo: Casa Publicadora Brasileira, 2009.

Mostra que a curiosidade pode resultar em boas descobertas. Por ser curioso, Rapha acaba envolvendo toda a turma em um projeto apaixonante.

▶ **Cozinhando com a Química**, organizado por Cláudia Moraes de Rezende e Silva Oigman. São Paulo: Sociedade Brasileira de Química, 2013.

Aborda a relação da Química com os alimentos.

Sociedade Brasileira de Química

Site

▶ **De onde vem o sal?** <https://api.tvescola.org.br/tve/video/de-onde-vem-de-onde-vem-o-sal>.

Vídeo da série *De onde vem?*, da TV Escola, explica a obtenção do sal marinho e como ele é transformado no nosso sal de uso diário, ou seja, o processo industrial do sal. Explica ainda a importância do consumo dele e os cuidados necessários em relação à quantidade usada. No final, dá uma receita de soro caseiro.

Visitação

▶ **Parque Newton Freire Maia. Pinhais, Paraná.**

Pavilhões para visita que apresentam acervo variado ligado à ciência e tecnologia, como o de águas. Mais informações em: <www.parquedaciencia.pr.gov.br>.

Parque da Ciência Newton Freire Maia

▶ **Guia de Centros e Museus de Ciências do Brasil – 2015.**

Para outros museus brasileiros, consulte: <www.casadaciencia.ufrj.br/Publicacoes/guia/Files/guiacentrosciencia2015.pdf>.

Unidade 1

Capítulo 1: A Terra em movimento

1 Leia a tirinha a seguir, depois responda às perguntas.

a) Qual é o fenômeno natural tratado nessa história?

_____

b) Qual ciclo de tempo nos possibilita perceber o movimento da Terra destacado na tirinha?

_____

2 Responda às questões a seguir no caderno.

a) A Terra faz os movimentos de rotação e translação. Qual deles é o mais demorado? Por quê?

b) Considerando um ano, quantos movimentos de rotação e de translação a Terra realiza?

c) Quantos movimentos de translação a Terra já completou desde que você nasceu?

Capítulo 2: Orientação no espaço e os pontos cardeais

1 Complete o diagrama de palavras a seguir.

1. A representação gráfica dos pontos cardeais é a rosa dos _____.

2. Estrela que realiza diariamente um movimento aparente no céu.

3. Norte, sul, leste e oeste são os _____ cardeais.

4. Instrumento antigo de orientação que utiliza uma agulha magnética.

5. Função do Sol na migração de certas aves.

6. Instrumento que auxilia na determinação dos pontos cardeais.

1		E				
	2	S			
	3	P				
4		A		
5		Ç		
6		O		

2 Analise as frases a seguir e julgue-as como verdadeiras (**V**) ou falsas (**F**). Reescreva as falsas para torná-las verdadeiras.

☐ O movimento aparente do Sol contribui para a orientação das pessoas em seus deslocamentos.

☐ Aves migratórias utilizam o movimento aparente da Terra para se orientar em seus deslocamentos.

☐ A bússola é um instrumento usado para identificar a direção norte-sul.

☐ O Polo Norte magnético e o Polo Norte geográfico estão localizados na mesma região da Terra.

_____

_____

_____

Capítulo 3: Contar o tempo

1 Ligue os instrumentos a seguir com os respectivos nomes e características.

relógio de sol	relógio de pêndulo	ampulheta

◆ Marca o tempo de acordo com o escoamento da areia.

◆ Marca as horas de acordo com a posição do Sol.

◆ Marca o tempo em horas, minutos e segundos.

2 Complete as frases a seguir.

a) Para determinar um dia em nosso calendário, foi utilizado o movimento de _____ da Terra, que dura aproximadamente 24 horas.

b) Para a criação do nosso calendário anual, foi levado em conta o movimento de _____ da Terra, que dura aproximadamente 365 dias e 6 horas.

c) O calendário que os brasileiros utilizam é dividido em _____ meses; o primeiro mês do ano é _____ e o último mês é _____.

d) O mês em que você faz aniversário é _____ e ele tem _____ dias.

e) No ano _____ o mês de fevereiro tem um dia a mais. Esse dia resulta da sobra de _____ horas de cada ano em um período de _____ anos, devido ao movimento de translação da Terra.

Capítulo 4: Localizando a Terra no Sistema Solar

1 Complete o diagrama.

1. Número de planetas do Sistema Solar.
2. Penúltimo planeta do Sistema Solar.
3. Satélite natural da Terra.
4. Estrela que está mais próxima da Terra e que nos fornece luz e calor.
5. Planeta vizinho à Terra e o segundo mais próximo do Sol.
6. Planeta em que vivemos.
7. Astro com luz própria.

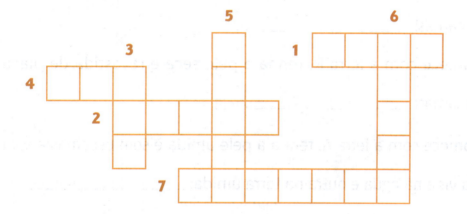

2 Observe a ilustração do Sistema Solar e responda às questões no caderno.

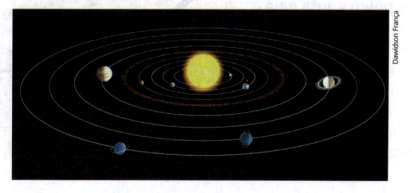

Imagem sem escala; as cores não são as reais.

Dawidson França

a) Qual é o planeta mais próximo e o mais distante do Sol?
b) Qual é o quarto planeta do Sistema Solar?
c) Qual é o penúltimo planeta do Sistema Solar?
d) Que planeta se localiza entre Júpiter e Urano?
e) Como se chamam os planetas que ficam antes e depois da Terra em relação ao Sol?

Capítulo 1: Diferentes seres vivos

1 Escreva o nome de um grupo de animais que:

a) comece com a letra A e tenha o corpo coberto por penas: _____.

b) comece com a letra M, seja um vertebrado e tenha o corpo coberto por pelos: _____.

c) comece com a letra P, viva na água e tenha o corpo revestido de escamas: _____.

d) comece com a letra R, tenha a pele seca e revestida de placas duras ou escamas: _____.

e) comece com a letra A, tenha a pele úmida e sem escamas e viva uma parte da vida na água e outra na terra úmida: _____.

2 A abelha da fotografia está cheia de pólen. Quando o inseto pousa em uma flor, o pólen gruda nele e é conduzido até outra flor, o que contribui para a reprodução das plantas.

Responda:

a) A abelha é um animal vertebrado ou invertebrado? Explique.

_____

b) Por que a abelha é considerada um artrópode?

_____

c) Qual é a importância das abelhas para as plantas?

_____

Capítulo 2: Alimentação dos seres vivos

1 Qual é a importância da alimentação para os seres vivos?

_____

_____

2 Numere a segunda coluna de acordo com a primeira.

1	herbívoro		se alimenta de plantas e animais
			se alimenta de plantas
2	carnívoro		se alimenta de outros animais
			vaca
3	onívoro		leão
			ser humano

3 As frases a seguir descrevem o processo de alimentação de plantas, fungos e bactérias, porém elas estão incorretas. Reescreva cada uma corrigindo-a.

a) Com a presença da água, do gás oxigênio e da luz solar, a folha fabrica glicose.

_____

b) A raiz retira gás carbônico e sais minerais do solo.

_____

c) O caule transporta gás carbônico e sais minerais até as folhas.

_____

d) Os fungos e as bactérias são seres vivos produtores dos próprios alimentos.

_____

e) Os fungos e as bactérias, ao estragarem um tronco de árvore caído em uma floresta, atrapalham o equilíbrio natural.

_____

_____

Capítulo 3: Relações entre os seres vivos

1 Os cães são considerados amigos fiéis dos humanos. Muitas pessoas têm cães em casa e sabem da importância de mantê-los saudáveis, atentando para a higiene, alimentação e vacinação deles, entre outros cuidados. Com a chegada do verão, aumenta o número de pulgas que podem ser encontradas nos cães. Explique se a relação entre o cão e a pulga é benéfica.

_____

_____

2 Na natureza existem muitas relações curiosas entre os seres vivos. É o caso da relação entre o chupim e o tico-tico.

O tico-tico, um pássaro pequeno, de cerca de 15 cm, constrói seu ninho nas árvores e nele bota os ovos. O chupim, uma ave consideravelmente maior, de cerca de 23 cm, não constrói o próprio ninho. Em vez disso, essa ave bota os ovos nos ninhos dos tico-ticos ou de outros pássaros, que passam a chocar os ovos dos chupins como se fossem os deles próprios.

▶ Tico-tico na árvore.

Assim, os chupins garantem que seus filhotes sejam bem cuidados sem se esforçar para aquecer os ovos (chocar) ou alimentar os filhotes. Logo que nascem, os filhotes do chupim derrubam os outros ovos que estão no ninho, excluindo os verdadeiros filhotes do tico-tico, que passa a cuidar exclusivamente do filhote do chupim.

a) Quais são os animais caracterizados no texto?

_____

b) O chupim prejudica as outras aves. Você concorda com essa afirmativa? Explique.

_____

_____

Capítulo 4: Interações no ambiente

1 Troque as imagens pelas palavras e escreva um pequeno texto sobre a cadeia alimentar.

Em uma cadeia alimentar, a é o produtor. Ela serve de alimento para o , que serve de alimento para o , que serve de alimento para o . Quando morrem, todos esses seres são decompostos pelos e pelas bactérias.

_____

_____

_____

_____

_____

_____

2 Diferencie produtor e consumidor em uma cadeia alimentar. Exemplifique.

_____

_____

_____

_____

_____

3 Explique a importância dos decompositores.

_____

_____

_____

Fotos: Sakonboon Sansri/Shutterstock.com; Techin24/iStockphoto.com; Butterfly Hunter/Shutterstock.com; Ingram Publishing/Diomedia; Jean-Louis Le Moigne/Biosphoto/AGlow Images

Capítulo 1: Microrganismos: seres muito pequenos

1 Coloque **F** se a informação for referente a fungos, **B** se for referente a bactérias e **FB** se for comum aos dois.

☐ Atuam na decomposição da matéria orgânica.

☐ Usados na produção de iogurte.

☐ Utilizados na produção de pão.

☐ Disponibilizam nitrogênio para certas plantas.

☐ Atuam no tratamento de esgoto.

☐ Usados na produção de antibióticos.

☐ Utilizados na produção de etanol.

2 Encontre no diagrama as seguintes palavras: microscópio, microrganismo, vírus, bactérias, fungos. Depois, escreva no caderno uma frase com uma característica de cada um deles.

A	L	C	X	O	X	H	Y	O	O	Ã	Á	C	W	A
A	V	N	U	M	I	C	R	O	S	C	Ó	P	I	O
J	T	L	F	É	Q	Ó	M	A	O	B	R	R	C	A
Ô	F	U	N	G	O	S	R	G	Ô	M	U	Z	I	Q
Z	Á	O	A	F	H	I	R	C	F	U	S	R	M	U
L	F	Í	Í	Ã	C	Õ	Â	E	G	V	Ú	E	T	S
F	P	B	A	C	T	É	R	I	A	S	Ú	A	X	O
Á	C	Ó	U	U	E	F	S	Ô	F	Ê	O	C	Ü	Â
Ó	D	M	I	C	R	O	R	G	A	N	I	S	M	O
U	I	Ê	V	Í	R	U	S	P	W	C	P	F	Ú	B
H	J	É	Ü	F	Ê	Ü	Á	É	Ó	À	Â	B	Ú	L

Capítulo 2: Contaminação por microrganismos e vermes

1 Decifre a carta enigmática e depois copie a frase nas linhas a seguir.

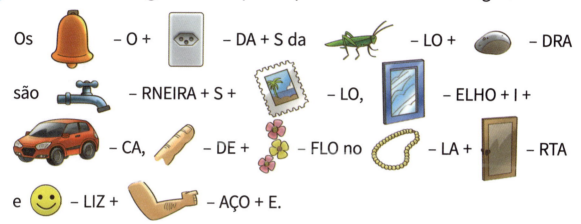

Os 🔔 – O + [tomada] – DA + S da 🦗 – LO + [pedra] – DRA

são [torneira] – RNEIRA + S + [selo] – LO, [quadro] – ELHO + I +

[carro] – CA, [curativo] – DE + [flores] – FLO no [colar] – LA + [porta] – RTA

e 🙂 – LIZ + [braço] – AÇO + E.

_____

_____

2 Responda: Quais doenças as atitudes a seguir podem prevenir? Justifique sua resposta.

_____

_____

_____

3 As verminoses são doenças que podem causar sérios danos à saúde humana, mas podem ser prevenidas. Escreva três formas de prevenção dessas doenças.

_____

_____

_____

Ilustrações: Marcos Cortez

Capítulo 3: Cuidando da saúde

1 Desenhe no espaço a seguir dois importantes hábitos de higiene que contribuem para a prevenção de doenças. Escreva uma legenda explicando cada um deles.

_____

_____

_____

_____

2 Analise a tirinha a seguir e responda às questões.

a) Você faria uma refeição nesse restaurante? Por quê?

_____

b) Quais cuidados não foram tomados no restaurante para que ele se tornasse um lugar adequado para as pessoas se alimentarem?

_____

c) Como sua família cuida da higiene dos alimentos?

_____

d) Você considera a higiene importante para a saúde? Por quê?

_____

3 Complete a frase a seguir.

Além de bons hábitos de higiene, também podemos prevenir as doenças tomando _____.

Capítulo 4: Saneamento básico

1 Marque um **X** nas frases corretas.

☐ O esgoto é constituído de materiais produzidos nas residências, na indústria, no comércio etc.

☐ O esgoto contém restos de comida, produtos químicos, fezes, urina, entre outros materiais.

☐ A água é tratada numa estação de tratamento de esgoto.

☐ O esgoto pode poluir e contaminar a natureza.

☐ O esgoto deve ser lançado nos rios.

☐ Nos locais em que não há rede de tratamento de esgoto, podem ser usadas fossas sépticas.

☐ Todas as cidades têm coleta e tratamento de esgoto.

☐ A água tratada fica armazenada em caixas-d'água centrais e segue para as caixas das residências por meio de canos. Nas residências, as caixas-d'água ficam localizadas em posição mais alta que as caixas-d'água centrais.

2 Complete o diagrama relacionando lixo, problemas ambientais e soluções.

1. Ação feita nos aterros sanitários que evita a contaminação do solo.

2. Local em que o lixo é depositado entre camadas de terra.

3. Atitude que consiste em comprar só o necessário, evitando o desperdício:

_____ o consumo.

4. Locais em que o lixo é jogado a céu aberto e não recebe nenhum tratamento.

5. Usar o material de um produto para dar origem a outro produto.

1							M								
2						*	A								
			3				D								
				4			I								
5							A								

Capítulo 1: Estados físicos da água e suas mudanças

1 A notícia a seguir oferece algumas informações sobre a chegada do inverno ao Rio Grande do Sul. Leia o texto com atenção e responda às questões.

> [...] O frio deve se intensificar ainda mais em terras gaúchas. Existe a possibilidade de neve sobre o estado entre a noite de quarta e a madrugada de quinta-feira (7 de junho), principalmente para a região da Serra, onde as mínimas devem alcançar −4 °C. [...]

Em mais um dia gelado, RS tem mínima... *G1 RS*, 6 jun. 212. Disponível em: <http://g1.globo.com/rs/rio-grande-do-sul/noticia/2012/06/em-mais-um-dia-gelado-rs-tem-minima-de-21c-em-vacaria.html>. Acesso em: 7 abr. 2019.

a) Em qual estado físico da água se encontra a neve? Como é chamada a mudança de estado físico que ocorre para que a neve se forme?

_____

b) Descreva essa mudança de estado físico associando-a com a temperatura.

_____

c) O que faz a neve derreter? Como se chama a mudança de estado físico da neve quando ela derrete?

_____

2 Identifique a mudança de estado físico da água descrita em cada item.

1. Vaporização lenta que ocorre quando estendemos uma roupa para secar no

varal: _____

2. Derretimento do gelo com o aumento da temperatura: _____

3. Formação do gelo no congelador: _____

4. Processo que ocorre quando o vapor de água vira líquido na tampa de uma

panela: _____

5. Vaporização rápida e acelerada pelo fornecimento de calor que ocorre em uma

chaleira com água fervendo: _____

Capítulo 2: Mudanças de estado físico de materiais

1 Desenhe ou cole imagens de materiais nos estados sólido e líquido.

Atenção: não podem ser imagens de água.

SÓLIDO	LÍQUIDO

2 Observe as imagens a seguir e escreva uma legenda explicando o que está acontecendo com o estado físico do material nelas mostrado.

_____

_____

3 Complete as frases.

a) Célia tem uma laranja na mão. A fruta está em estado _____.

Ela vai fazer um suco, que estará no estado _____.

b) Antônio pegou a manteiga da geladeira. Ela está em estado _____.

Ele pôs a manteiga na panela, aqueceu-a no fogo, ela derreteu e passou para

o estado _____.

Capítulo 3: Misturando e separando

1 Analise as fotografias a seguir e circule aquelas que representam os materiais que se misturam totalmente com a água.

AÇÚCAR — CAFÉ SOLÚVEL — AREIA — SUCO CONCENTRADO — DETERGENTE — ÓLEO

Fotos: Fernando Favoretto

2 No diagrama B, siga o mesmo caminho indicado no diagrama A e descubra o nome de um processo de separação de misturas.

A

B

G	A	X	P	Z	Ã
W	C	H	M	F	L
B	V	D	I	K	O
Z	Ã	L	P	Z	A
J	Ç	T	S	X	H
K	L	X	R	Z	A
B	V	F	P	A	N
Q	Z	W	Ç	G	I
C	X	Ã	S	E	J
K	B	C	O	D	F
B	Ç	H	Z	Q	U

3 Escreva o nome das técnicas que podem ser empregadas para separar as misturas a seguir.

a) Areia e pedras: _____.

b) Água com areia: _____.

c) Água com terra: _____.

d) Água e sal: _____.

Capítulo 4: As transformações da matéria

1 Classifique as transformações a seguir como reversíveis ou irreversíveis.

a) Ovo cru em ovo cozido: _____.

b) Água líquida em gelo: _____.

c) Carvão em carvão queimando: _____.

d) Copo inteiro em copo quebrado: _____.

e) Papel inteiro em papel picado: _____.

2 Escolha um exemplo da questão anterior para explicar a diferença entre transformação reversível e transformação irreversível.

_____

_____

_____

_____

_____

3 Circule os fatores que podem provocar transformação nos materiais.

luz   estado físico   umidade   calor

4 Liste uma transformação que afeta a qualidade dos alimentos e uma atitude para evitá-la.

_____

_____

_____

_____

Referências

BARBOSA, Déborah Márcia de Sá; BARBOSA, Arianne de Sá. Como deve acontecer a inclusão de crianças especiais nas escolas. In: ENCONTRO DE PESQUISA EM EDUCAÇÃO DA UNIVERSIDADE FEDERAL DO PIAUÍ, 3., 2004, Teresina. *Anais...* Disponível em: <http://leg.ufpi.br/subsite Files/ppged/arquivos/files/GT8.PDF>. Acesso em: 11 abr. 2019.

BOLONHINI JR., Roberto. *Portadores de necessidades especiais*: as principais prerrogativas dos portadores de necessidades especiais e a legislação brasileira. São Paulo: Arx, 2004.

BRASIL. Congresso Nacional. Câmara dos Deputados. *Estatuto da criança e do adolescente.* 15. ed. Brasília: Edições Câmara, 2015 [1990].

_____. Ministério da Educação. *Base Nacional Comum Curricular.* Brasília, 2017.

_____. Ministério da Educação. Secretaria de Educação Básica. Diretoria de Currículos e Educação Integral. *Diretrizes Curriculares Nacionais da Educação Básica.* Brasília, 2013.

CACHAPUZ, António (Org.) et al. *A necessária renovação do ensino das Ciências.* São Paulo: Cortez, 2011.

CANIATO, Rodolpho. *O céu.* São Paulo: Átomo, 2011.

COLL, C.; PALACIOS, J.; MARCHESI, A. (Org.). *Desenvolvimento psicológico e educação.* Porto Alegre: Artes Médicas, 1995.

DORNELLES, Leni Vieira; BUJES, Maria Isabel E. (Org.). *Educação e infância na era da informação.* Porto Alegre: Mediação, 2012.

FRAIMAN, Leonardo de Perwin e. *A importância da participação dos pais na educação escolar.* São Paulo. Dissertação (Mestrado em Psicologia) – Instituto de Psicologia da Universidade de São Paulo. Disponível em: <http://docplayer.com.br/336142-Leonardo-de-perwin-e-fraiman-a-importancia-da-participacao-dos-pais-na-educacao-escolar.html>. Acesso em: 11 abr. 2019.

FREIRE, Paulo. *Educação como prática da liberdade.* 32. reimp. Rio de Janeiro: Paz e Terra, 2009.

GOLEMAN, D. *Inteligência emocional*: a teoria revolucionária que redefine o que é ser inteligente. Rio de Janeiro: Objetiva, 1995.

LAMPERT, Ernani (Org.). *Educação, cultura e sociedade*: abordagens múltiplas. Porto Alegre: Sulina, 2004.

LA TAILLE, Yves de; OLIVEIRA, Marta Kohl de. *Piaget, Vygotsky, Wallon*: teorias psicogenéticas em discussão. São Paulo: Summus, [s.d.].

MAGDALENA, Beatriz Corso; COSTA, Íris Elizabeth Tempel. *Internet em sala de aula*: com a palavra, os professores. Porto Alegre: Artmed, 2003.

MOREIRA, Marco A. *A teoria da aprendizagem significativa e sua implementação em sala de aula.* Brasília: Editora da UnB, 2006.

MORETTO, Vasco P. Reflexões construtivistas sobre habilidades e competências. *Dois Pontos*: Teoria & Prática em Gestão, v. 5, n. 42, p. 50-54, 1999.

SANTOS, W. L. P. Educação científica na perspectiva de letramento como prática social: funções, princípios e desafios. *Revista Brasileira de Educação*, Rio de Janeiro, v. 12, n. 36, dez. 2007. Disponível em: <www.redalyc.org/html/275/27503607>. Acesso em: 11 abr. 2019.

SCHIEL, Dietrich; ORLANDI, Angelina Sofia (Org.). *Ensino de Ciências por investigação.* São Carlos: Centro de Divulgação Científica e Cultural/USP, 2009.

SCHROEDER, Carlos. Atividades experimentais de Física para crianças de 7 a 10 anos. *Textos de apoio ao professor de Física.* Porto Alegre: UFRGS, Instituto de Física, n. 16, 2005.

TEIXEIRA, Wilson e outros. *Decifrando a Terra.* 2. ed. São Paulo: Companhia Editora Nacional, 2009.

TORTORA, Gerard J. *Corpo humano*: fundamentos de anatomia e fisiologia. 8. ed. Porto Alegre: Artmed, 2010.

TOWNSEND, Colin R.; BEGON, Michael; HARPER, John L. *Fundamentos em Ecologia.* 3. ed. Porto Alegre: Artmed, 2010.

Peças para a atividade da página 52.

Ilustrações: Reinaldo Vignati

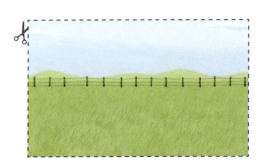

Recortar

Peça para a atividade da página 111.

Henrique Machado

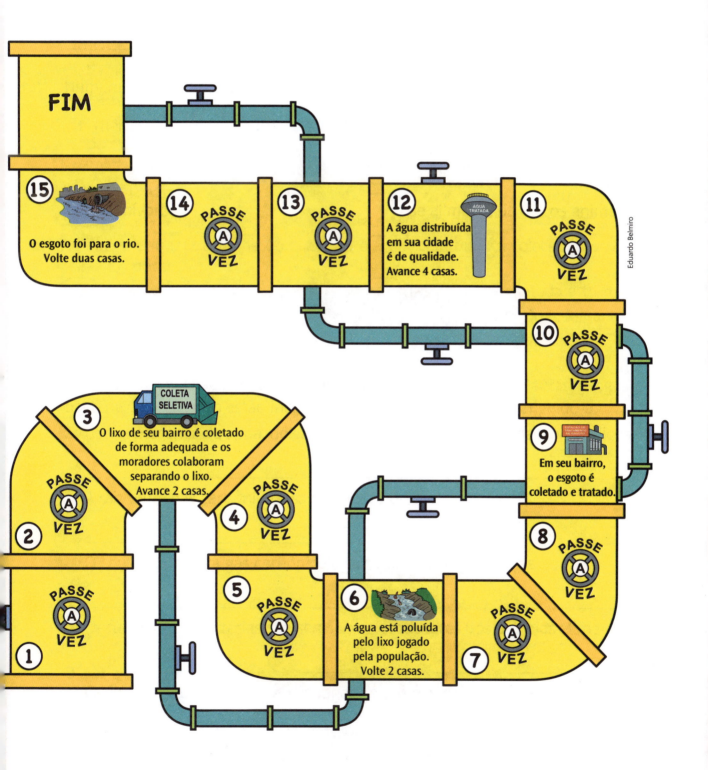